eビジネス新書
No.402
週刊東洋経済

私大トップ校 次の戦略

学

早慶上理
MARCH
関関同立

週刊東洋経済eビジネス新書　No.402

私大トップ校　次の戦略

本書は、東洋経済新報社刊『週刊東洋経済』2021年10月30日号より抜粋、加筆修正のうえ制作しています。情報は底本編集当時のものです。（標準読了時間　90分）

私大トップ校　次の戦略　目次

早慶上理・MARCH・関関同立

トップ私立大学の現在地

大学院生を含む全大学学生の数は、2020年5月時点で約291万人。そのうち約215万人が私立大学の学生で、実に4人中3人を占める。日本の高等教育を広く支えているのは私学といっても過言ではない。

しかし、少子化が進む中、私立大学の経営は二極化が進んでいる。日本私立学校振興・共済事業団が9月末に発表した「私立大学・短期大学等入学志願動向」によると、21年度入試では597私大のうち、46・4%の277大学で入学者が入学定員を下回った。

大学は授業料が収入の大きなウェートを占めており、定員割れは経営を直撃する。19年度の大学の経営状況を見ると、地方や中小規模の大学を中心に学生数確保に苦戦し、赤字経営に陥っている。

その一方で経営的に「勝ち組」となっているのが、都市部にある大規模大学だ。とくに、受験業界で早慶上理（早稲田大学、慶応義塾大学、上智大学、東京理科大学）、MARCH（明治大学、青山学院大学、立教大学、中央大学、法政大学）、そして関西圏の上位校である関関同立（関西大学、関西学院大学、同志社大学、立命館大学）と呼ばれる13大学は受験偏差値が高く、受験者数も多い。

つまり、学生数の確保でも経営規模としても盤石な状況にある。定員数はこの10〜20年の間に学部新設などで拡大させており、各大学とも学生数は1万人を超えている。13大学を合わせた学生総数は実に35万人に達する。

世界で存在感を出せるか

ただ、勝ち組とはいえ、今後も安泰とは必ずしもいえない。

1つには、少子化の加速で40年までに大学入学者はピークの63万人から12万人減少すると予測されているからだ。この影響は13大学にも及ぶ可能性があり、「学部生が減れば大学のレベルが低下しかねない」と関西大学の前田裕学長は危機感を抱く。

大学が置かれた環境

◆ 大学進学者は2017年をピークに23年で12万人減少 —大学進学者数などの将来推計—

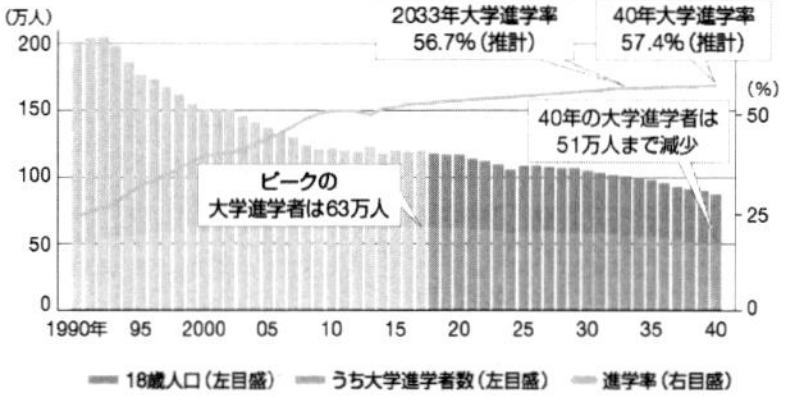

大学進学者は2017年の63万人をピークに減少に転じており、いわゆる「2018年問題」として対応が迫られている。40年には12万人減の51万人まで減少、大学は本格的な「淘汰の時代」を迎えることになる。

(注)2018年以降は推計値
(出所)中央教育審議会答申「2040年に向けた高等教育のグランドデザイン」を基に本誌作成

◆ 大学の財政状況は規模の差で二極化 —事業活動収支差額比率の分布—

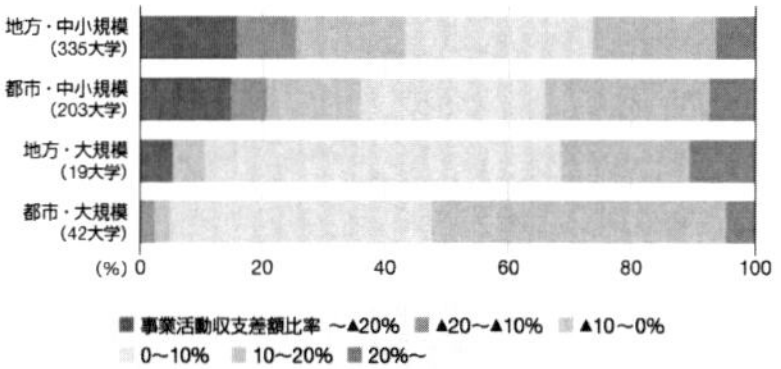

事業収支がマイナスの大学を見ると、中小規模の大学に集中。また都市部と地方の比較では、地方の大学のほうがより経営が厳しいことがわかる。少子化がさらに進めば、都市部の大規模な大学群である早慶上理・MARCH・関関同立との二極化はますます際立つことになる。

(注)2019年度(20年3月期)決算の数字。事業活動収支差額比率は基本金組み入れ前当年度収支差額÷事業活動収入で計算。都市は埼玉、千葉、東京、神奈川、愛知、京都、大阪、兵庫、大規模は収容定員8000人以上、中小規模は同8000人未満。▲はマイナス
(出所)日本私立学校振興・共済事業団「私立大学・短期大学等入学志願動向」、文部科学省資料を基に本誌作成

また、「定員厳格化」も重荷だ。地方大学や小規模大学の定員割れが深刻なことから、大規模大学を中心に定員超過の許容範囲をより厳しくするルールが16年度入試から開始。これまでは定員の2割までなら超過が認められていたが、段階的に縮小して、ほぼゼロにするよう求められている。

定員を超過すると補助金がカットされてしまうため、各大学は一般選抜入試で合格者を絞り込むようになった。その結果、学生数の減少による収入減で大学運営面に支障を来している。受験生にとっては入試が難化し、かつてよりも狭き門になっている。「21年入試はコロナ禍や大学共通テスト初年度の影響で難関私大の受験者は大きく減ったが、22年入試はその反動で志願者は増えることになるだろう」(河合塾教育研究開発本部の近藤治主席研究員)。

トップ私立の現状

◆ 志願者数減り、合格者数が増加
—早慶上理・MARCH・関関同立の一般入試の状況—

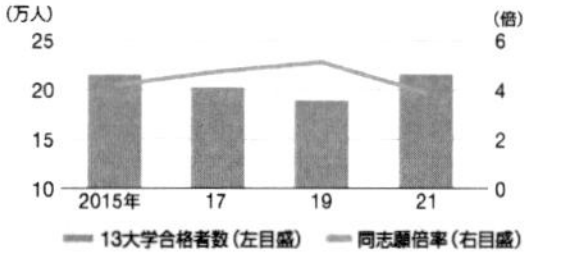

学校別の2021年詳細データ

大学名	志願倍率（倍）	合格者数（人）	同前年比（%）	志願者数（人）	同前年比（%）
早稲田大学	6.3	14,532	0.1	91,659	▲12.4
慶応義塾大学	3.9	9,327	8.6	36,681	▲4.6
上智大学	3.9	6,776	23.7	26,270	0.4
東京理科大学	3.0	16,579	5.4	49,301	▲12.5
明治大学	4.0	24,732	10.9	99,470	▲3.5
青山学院大学	4.1	9,884	19.6	40,123	▲30.6
立教大学	4.5	14,659	20.6	65,475	6.8
中央大学	4.0	19,829	16.5	78,534	▲9.2
法政大学	4.5	20,033	7.8	90,956	▲12.2
関西大学	4.2	18,815	16.2	79,510	▲9.3
関西学院大学	2.7	12,444	29.0	33,617	1.2
同志社大学	2.8	15,804	2.5	44,481	▲10.9
立命館大学	2.6	31,943	3.2	83,512	▲19.4

（注）入試結果は一般選抜のみで、共通テスト利用（2020年以前はセンター利用）入試を含む。志願倍率＝志願者数÷合格者数で算出。▲はマイナス
（出所）大学通信

許容できる定員充足率を段階的に100%まで抑える「定員厳格化」政策が2016年度入試から始まり、早慶上理・MARCH・関関同立は狭き門となっていた。しかし21年度は浪人生の減少や併願校を絞り込む志願者が増えた影響で、志願者数は軒並み減少。合格者も増え、易化が進んだ。

◆ 13大学の就職・進学パフォーマンス
—2021年卒生の有名企業への就職割合と大学院進学割合—

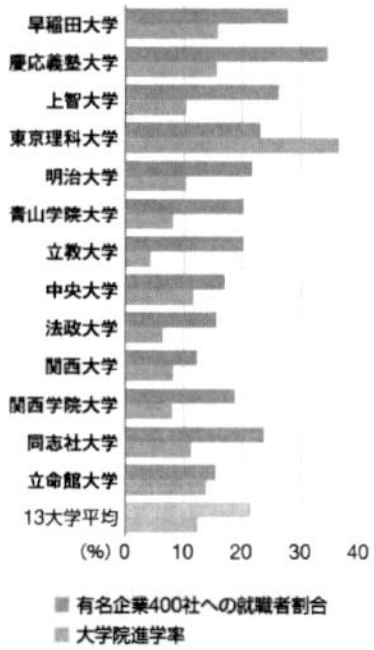

（注）13大学平均は加重平均。「有名企業400社への就職者割合」は有名企業400社への就職者数÷卒業生数で算出。立教大学以外は大学院修了者を含む数字
（出所）大学通信のデータを基に本誌作成

有名企業400社は、日経平均株価採用銘柄や就職人気ランキングの上位企業などから選定。トップは慶応義塾大で3分の1が該当企業に就職している。大学院進学率は理系大の東京理科大が36.5%と頭一つ抜き出ている。

世界との競争では、私大の埋没感が否めない。「THE世界大学ランキング」の最新版では、日本の私立大学の最上位・産業医科大学でも401～500位の位置。慶応は601～800位、早稲田が801～1000位。上智、理科大、MARCH、関関同立の各校は1001位以下にとどまる。

海外では、留学先がランキング上位校の大学の場合にのみ奨学金が支給されるケースがある。「順位が低いと共同研究などの輪に入れてくれない場合がある」（教育関係者）とされ、国際的な知名度を上げる努力をしなければ、海外から質の高い留学生を確保するのが難しくなる。また、定員厳格化で入学生の質が高くなっている中、そうした学生に満足のいく教育を提供できるかも課題の1つだ。

本誌では、少子化やコロナ禍の中で13大学がどのような針路を描くのか、「次の戦略」をリポートしていく。

（宇都宮　徹）

上位校はさらに難しく

偏差値ランク20年変遷史

ここでは2001年から21年まで20年間の偏差値の変遷を振り返った。「進研模試」の高校3年生・高卒生対象「総合学力マーク模試・6月」を基に算出した、有力13大学の翌年入試における合格目標偏差値を並べたのが次表だ。

◆ 20年間の学部偏差値の変遷と序列

大学名	学部名	01年	06年	11年	16年	21年
早稲田	政治経済	79	78	80	83	**82**
慶応義塾	法	79	79	84	84	**82**
早稲田	法	78	77	79	81	**81**
慶応義塾	文	76	75	77	80	**81**
慶応義塾	総合政策	77	77	76	80	**81**
慶応義塾	経済	77	78	81	82	**81**
早稲田	商	75	74	74	81	**80**
早稲田	国際教養	–	75	76	81	**80**
慶応義塾	商	73	74	77	80	**80**
早稲田	文	75	74	74	79	**79**
早稲田	文化構想	–	74	74	78	**79**
早稲田	社会科学	72	73	74	80	**79**
上智	国際教養	–	74	73	74	**79**
慶応義塾	医	79	77	79	77	**78**
上智	法	77	77	76	75	**78**
上智	総合グローバル	–	–	–	72	**78**
関西学院	国際	–	–	71	74	**77**
同志社	グローバル・コミュニケーション	–	–	72	74	**77**
立命館	国際関係	74	74	71	73	**77**
早稲田	教育	74	73	72	73	**76**
明治	法	66	70	72	73	**76**
明治	国際日本	–	–	67	73	**76**
立教	異文化コミュニケーション	–	–	72	75	**76**
同志社	法	71	73	70	72	**76**
同志社	経済	66	69	69	71	**76**
同志社	商	64	68	68	70	**76**
慶応義塾	環境情報	75	70	69	72	**75**
上智	文	73	72	72	71	**75**
上智	経済	72	72	74	71	**75**
明治	政治経済	66	68	68	71	**75**
明治	経営	64	67	67	72	**75**
明治	商	66	67	67	72	**75**
青山学院	総合文化政策	–	–	70	71	**75**
青山学院	国際政治経済	68	71	71	72	**75**
立教	経営	–	66	71	74	**75**
中央	法	70	76	74	74	**75**
関西	外国語	–	–	69	71	**75**
同志社	心理	–	–	71	72	**75**

大学名	学部名	01年	06年	11年	16年	21年
同志社	グローバル地域文化	−	−	−	72	**75**
同志社	政策	−	69	68	70	**75**
早稲田	人間科学	71	69	69	71	**74**
早稲田	基幹理工	−	68	68	71	**74**
早稲田	創造理工	−	66	67	70	**74**
早稲田	先進理工	−	69	71	72	**74**
慶応義塾	理工	70	71	71	72	**74**
慶応義塾	薬	−	−	69	72	**74**
上智	外国語	74	73	73	72	**74**
上智	総合人間科学	−	73	69	70	**74**
明治	情報コミュニケーション	−	66	67	71	**74**
青山学院	文	70	69	67	70	**74**
青山学院	教育人間科学	−	−	68	71	**74**
立教	社会	72	69	70	73	**74**
法政	グローバル教養	−	−	68	73	**74**
同志社	文	70	72	69	71	**74**
同志社	社会	−	69	69	70	**74**
早稲田	スポーツ科学	−	68	64	69	**73**
明治	文	69	68	68	71	**73**
青山学院	法	69	69	66	69	**73**
青山学院	経営	66	68	65	69	**73**
立教	現代心理	−	71	67	70	**73**
立教	法	69	71	71	72	**73**
立教	経済	66	68	70	72	**73**
中央	総合政策	74	71	67	71	**73**
法政	国際文化	65	68	66	70	**73**
立命館	総合心理	−	−	−	69	**73**
立教	文	71	69	67	70	**72**
立教	観光	66	65	67	70	**72**
関西学院	経済	63	65	65	68	**72**
関西学院	商	63	65	64	67	**72**
同志社	文化情報	−	64	65	67	**72**
立命館	経済	66	66	65	67	**72**
立命館	経営	64	66	64	67	**72**
上智	理工	66	65	66	67	**71**
東京理科	理・一部	63	64	66	69	**71**
東京理科	工	65	65	65	68	**71**
東京理科	薬	72	70	68	71	**71**
明治	農	66	63	65	68	**71**

◆ 20年間の学部偏差値の変遷と序列

大学名	学部名	01年	06年	11年	16年	21年
青山学院	経済	67	68	65	68	71
青山学院	地球社会共生	−	−	−	69	71
中央	経済	62	65	65	68	71
中央	国際経営	−	−	−	−	71
法政	文	65	67	66	68	71
法政	法	68	71	66	69	71
関西	文	64	67	65	68	71
関西	法	63	66	65	68	71
関西	経済	62	65	64	67	71
関西学院	法	64	67	65	68	71
関西学院	社会	65	65	64	66	71
同志社	理工	−	−	64	67	71
立命館	文	66	70	67	69	71
立命館	法	70	71	68	69	71
慶応義塾	看護医療	66	67	65	68	70
東京理科	理工	63	60	61	66	70
明治	理工	61	61	64	67	70
中央	商	62	65	64	68	70
中央	国際情報	−	−	−	−	70
法政	経済	65	66	65	67	70
法政	経営	63	65	65	67	70
関西	商	63	65	64	67	70
関西	社会	64	65	64	67	70
関西学院	文	67	67	65	69	70
同志社	生命医科	−	−	64	66	70
東京理科	経営	57	59	59	66	69
東京理科	先進工	60	58	59	64	69
明治	総合数理	−	−	−	64	69
青山学院	社会情報	−	−	65	67	69
立教	理	64	61	64	67	69
中央	文	63	67	65	67	69
中央	理工	61	59	60	65	69
法政	社会	64	65	64	67	69
法政	人間環境	67	66	64	67	69
法政	キャリアデザイン	−	65	63	67	69
関西	政策創造	−	65	64	66	69
関西学院	総合政策	67	65	63	64	69
関西学院	教育	−	−	62	65	69

大学名	学部名	01年	06年	11年	16年	21年
同志社	神	59	62	62	67	69
同志社	スポーツ健康科学	–	–	64	65	69
立命館	政策科学	68	70	64	66	69
立命館	産業社会	65	69	64	66	69
立命館	食マネジメント	–	–	–	–	69
立教	コミュニティ福祉	64	64	64	67	68
法政	デザイン工	–	–	59	64	68
法政	スポーツ健康	–	–	64	67	68
関西	総合情報	66	62	60	61	68
関西学院	建築	–	–	–	–	68
立命館	薬	–	–	61	63	68
立命館	スポーツ健康科学	–	–	60	62	68
青山学院	コミュニティ人間科学	–	–	–	–	67
青山学院	理工	58	58	58	62	67
法政	現代福祉	67	65	63	66	67
関西	社会安全	–	–	61	63	67
関西学院	人間福祉	–	–	61	64	67
関西学院	生命環境	–	–	–	–	67
立命館	情報理工	–	59	56	60	67
立命館	生命科学	–	–	63	64	67
立命館	映像	–	64	61	63	67
法政	情報科学	59	55	57	59	66
法政	理工	–	–	56	62	66
法政	生命科学	–	–	58	62	66
関西	システム理工	–	59	57	60	66
関西学院	理	61	–	–	–	66
関西学院	工	–	–	–	–	66
立命館	理工	61	62	58	61	66
関西	化学生命工学	–	59	58	62	65
関西	環境都市工学	–	60	57	62	65
関西	人間健康	–	–	59	63	65
上智	神	51	55	57	60	63
関西学院	神	48	56	56	60	62
東京理科	理・二部	44	44	47	53	54

(注)「進研模試」の高校3年生・高卒生対象「総合学力マーク模試・6月」を基に算出された、翌年入試における大学の合格目標偏差値（合格可能性60%のB判定の偏差値）。2001年の早稲田の文学部は第一文学部。立命館大学グローバル教養学部や募集停止学部など、21年の偏差値がない学部は除いた。ーはデータなし。21年の偏差値が01年と比べて10ポイント以上上昇の場合は赤字で表記　(出所)ベネッセコーポレーション

学部によって入試科目が異なるため、一概にはいえないが、まず20年前の01年に最も偏差値が高かったのは早稲田大学の政治経済学部、慶応義塾大学の法学部、医学部の79だ。うち、早稲田・政経、慶応・法は最新の21年でも13大学の中でトップの82だ。

かつて慶応の看板学部は経済学部といわれていたが、近年では法学部が難易度で上回る。とくに政治学科は単位取得が容易で一貫校からの内部進学で1番人気（医学部を除く）であることや、幅広い分野を学べることが一般入試の人気にもつながっている。慶応・法は11年と16年に偏差値84と他を圧倒している。

興味深いのは、早稲田・政経が最新の21年、偏差値82で慶応・法と並び、再びトップに返り咲いたことだ。政経は21年春の一般選抜で数学Ⅰ・数学Aを必須科目にして志願者を大幅に減らしたが、国立と併願するような学力上位層が受験し、レベル上昇につながったというのが受験業界での見方だ。早稲田・政経と慶応・法は付属・系属校からの内部進学枠が多く一般選抜の枠が相対的に少ないため、今後も受験生にとって狭き門となりそうだ。

早慶では早稲田・社会科学部が2001年の72から21年に79と偏差値を上げた。もともと夜間部だった社学は、1998年から昼夜開講学部に、09年には昼間学部となった。政治学、経済学、法学、商学、社会学などさまざまな分野を学べることもあり、人気が上昇した。

上智大学は講義がほぼ英語の国際教養学部の79を筆頭に、法学部、14年に開設された総合グローバル学部が78と続く。

偏差値が10上昇の学部も

東京理科大学は経営学部が2001年57から21年69と偏差値を12上げた。16年に埼玉の久喜キャンパスから東京の神楽坂キャンパスに移転したことも人気の一因だ。21年度には国際デザイン経営学科を開設し、多くの志願者を集めた。

先の表を見ると、早慶上理だけではなく、13大学の多くの学部で偏差値が上がったことがわかる。これは文部科学省が進めてきた定員厳格化の影響が大きい。大規模私立大の入学者は、これまで定員の1・2倍未満まで入学が認められていたが、年々減らして18年には1・1倍未満になった。これを守らないと、国から助成金が交付されない。結果、大規模私大では合格者が絞り込まれ難化した。

ＭＡＲＣＨに目を向けると、20年間で偏差値を10上げた明治大学法学部、08年に開設された明治・国際日本学部、立教大学異文化コミュニケーション学部が76と頭一つ抜けている。立教は06年開設の経営学部が75と僅差で続く。独自のリーダーシップ開発プログラムが支持を集めている。

青山学院大学は国際政治経済学部と08年開設の総合文化政策学部が75で並ぶ。中央大学は看板学部の法学部が75と他学部を引き離す。中央・法は23年度に多摩から東京23区内の茗荷谷にキャンパスが移転することもあり、人気が高まりそうだ。法政大学は08年開設のグローバル教養学部が74と高いが、ＭＡＲＣＨの中では偏差値が低めに位置している学部が多い。

関関同立の中でトップの偏差値は77。関西学院大学国際学部、同志社大学グローバル・コミュニケーション学部、立命館大学国際関係学部と国際系の学部3つが並ぶ。

同志社は76〜74に8学部が位置するなど、関関同立の中では全体的に偏差値が高めだ。一方で関西大学は外国語学部が75だが、次に偏差値が高い学部が71と、13大学の中では比較的入りやすい学部が多いといえる。関関同立の次のグループでは近畿大学の追い上げが目覚ましい。表にはないが、近大の国際学部と建築学部は偏差値67で、関大の下位学部の65を上回った。

（常盤有未）

【慶応義塾大学】ポストコロナ見据え中期計画を大幅に見直し

国内私学最高峰の存在である慶応義塾大学。早慶上理・MARCH・関関同立の13校では唯一医学部を持っており、「教育・研究・医療」を3大事業としている。1858年創立の伝統に加え、湘南藤沢キャンパス（SFC）の総合政策学部や環境情報学部では問題発見・解決型、分野横断型の教育を1990年の開設時から採用するなど、日本の大学教育を先導してきた。

偏差値は早稲田大学と並び私大トップレベルだが、「早稲田とのダブル合格なら慶応を選ぶ」という受験生は多い。就職などで発揮される「慶応ブランド」が大きな魅力となっている。慶応という名前だけで選考が優遇されるケースは多い。三菱商事や伊藤忠商事といった総合商社やコンサルティング企業など、入社が難しい企業への高い就職実績を上げている。

さらに卒業生である「塾員」のネットワークも強力だ。中でも塾員の同窓会組織「三田会」の存在は大きい。名門企業であれば必ず「○○三田会」が組織されており、その人脈をフルに活用することで、出世やビジネスの成功に結び付けることができる。

「ぶれない」点も慶応の特色の1つだ。その背景にあるのが、創立者・福沢諭吉の教えだ。世の中に惑わされず、主体的に進むべき方向を考える「独立自尊」の精神を160年以上受け継いでいる。例えば文部科学省が推し進めていた、英語民間試験の個別入試への導入について、当初から「必要ない」と冷静に対処し、現在も学部独自の試験を貫く。

伊藤公平塾長は、「『独立自尊』『一身独立して一国独立す』という言葉のとおり、上から統制をするような形は慶応義塾の風土になじまない」と語る。

ぶれないという点では、長年、学部・学科の大規模な再編を行っていないのも特徴。学部新設は2008年の薬学部にまでさかのぼるが、これも共立薬科大学との合併で誕生したもの。学科は02年に理工学部に生命情報学科が誕生したのが最後だ。

他大学との連携を模索

そんな慶応が、コロナ禍後を見据えた方針を打ち出している。21年度の事業計画では、中期計画の内容を20年から大幅に修正。筆頭には「ウィズコロナ・ポストコロナ社会に対応した教育・研究・医療の変革の推進」を掲げ、さらにICT（情報通信技術）基本戦略立案と高度な情報基盤の確立などを新たに盛り込んだ。

修正を手がけたのは21年5月まで在任していた長谷山彰前塾長。「前塾長がコロナにおけるあらゆる問題を世界レベルで実感していた。それを常任理事会で話し合い、中計を見直すことが適切と判断した」（伊藤塾長）という。

そして伊藤塾長はポストコロナは「協調」が大事だと説く。慶応だけで完結するのではなく、リモート授業などの経験や技術を生かして他大学と連携する新しい教育や研究を模索する。東京工業大学との学生交流協定など、連携実績はあるが、さらに多くの大学を巻き込みたいと思い描く。

一方で、学内の「協調」にも注力する。その好事例が学校関係者の間で大きな話題になった、全塾5万人を対象にした新型コロナワクチンの職域接種プロジェクトだ。

6月初旬、同月21日からワクチン職域接種が認められることになった。大学での接種も推奨されることを受け、就任したばかりの伊藤塾長は真っ先に動き出す。

医療担当の北川雄光常任理事らが企画運営を進めていったが、圧巻だったのが、80人ほどの関係者を集めたオンライン会議。ワクチンの確保から予約システム、不測の事態への対応といった実施方法や課題の洗い出しを1時間で終わらせた。短い日数で接種が実現したのにはオンラインなどICTの存在が大きかった。

そもそも学内では、医薬品の開発や治療法の発見といった分野で医工連携などの取り組みが進んでいる。「今回のワクチン接種対応では、社会的な側面と医学部・病院の最先端の技術を組み合わせ、データに基づく科学的な判断ができた。今後は理系と医学系と文系が一体となって社会をデザインする取り組みを進めていく」（伊藤塾長）と、ICTインフラの充実と併せて研究や教育のレベルアップを目指す。

9月下旬、伊藤塾長は秋学期の開始に当たり、動画でワクチン接種の成功の報告をするとともに、塾生に「諸君は、元に戻るのではない。ポストコロナの理想のキャンパスライフをつくっていくことになる」と訴えた。学内が一体となって新しい慶応をつくろうという、メッセージの表れだ。

（宇都宮　徹）

協議進む東京歯科大学との統合

今、大学関係者の間で注目されているのが、慶応義塾大学と東京歯科大学（歯科大）との統合協議だ。

２０２０年１１月に、統合および法人合併について協議を開始すると発表。２３年４月をメドに歯学部の統合と法人合併を目指す。「コロナ禍の中でも、協議を進めることが非常に大切だ」（伊藤公平・慶応義塾塾長）。

統合は、歯科大側から申し入れたという。

同大は創立１３０年の歴史を持つ名門で、歯科医師国家試験の合格率ではつねにトップをキープしている。創設者・高山紀齋が慶応義塾の出身者など、慶応とのゆかりが多いが、なぜ歯科のトップ校が統合の道を選んだのか。

その理由について駿台教育研究所の石原賢一・進学情報事業部長は「歯科の単科大では、広がりがなくなる」と指摘する。医療の高度化が進む中、チーム医療が行われ、複数の医学領域の担当者が協力して治療法や予防法を研究する時代になっている。医科歯科でも口腔ケアがＱＯＬ（生活の質）の向上や、がんなどの罹患（りかん）リスクの低減につながることが解明され、両分野の連携が重視されている。医学部や薬学部、看護医療学部を持つ慶応と統合するメリットは大きい。

慶応にとっても、医療系4学部を持つ大学になるだけでなく、医工連携など他学部との共同研究といった広がりが期待できる。

歯科大が持つ歯科専門の水道橋病院、千葉県市川市にある市川総合病院の存在も大きい。「市川総合病院が慶応と連携すれば、慶応側としてはおのずと教授のポストが増える。歯科大側も慶応ブランドを活用し優秀な医師を獲得しやすくなる」（石原氏）。

正式な発表はまだだが、双方にとってメリットが大きい統合であることは間違いない。

「多彩な学びを実現する大学同士の協調が必要だ」

慶応義塾大学　塾長・伊藤公平

――中期計画を修正した経緯と狙いを教えてください。

長谷山彰前塾長のときに修正を行った。前塾長は世界の学長と連絡を取り合う中で、コロナ禍におけるあらゆる問題を国内だけでなく世界レベルで実感していた。それを常任理事会で話し合い、見直すことが適切と判断した。

――ウィズコロナの大学教育はどうなるとみていますか。

フィールドワークを中継しながら教室の学生と結ぶ授業が可能になるなど、テクノロジーの進化によって授業の形は大きく変わる。オンラインか対面かといった定義もなくなってくるだろう。

新しい教育体制が生まれる中で、大学同士の協調が進む。学生は将来の宝。各大学で囲い込むのではなく、例えば早稲田と慶応、上智と慶応など、あらゆる組み合わせで多彩な教育を提供するべきだ。

コロナ禍によって富の集中が顕在化してきているが、大学でも同じ状況だ。今後の社会デザインを考えるうえでは分断の解消が必要で、将来の宝を育てる大学が協調していけるかがポイントになる。そのためにはまず、慶応の中で学部・研究科を超えた協調関係を深めていく。その取り組みがなければ世界との協調は進められない。

——中期計画ではICT（情報通信技術）の強化もうたっています。

ＩＣＴは今後の教育には必要で、授業の形態を変えるには、プラットフォームの整備は不可欠だ。協調という視点でも、研究レベルで慶応のデータとほかの機関のデータとを一緒に解析することが進む。そのためのＩＣＴの基盤がないと世界からは取り残される。

サイバーセキュリティーも中途半端な形ではできないし、研究においても医療データをはじめ管理が重要だ。また、事務の効率化の点でも、内部で優秀なＩＴ人材を育てていく必要がある。

「独立自尊な人」を求める

――就任会見のときに「全社会の先導者として理想を追求する」と強調されました。

「全社会の先導者たらんことを欲するものなり」というのは創立者・福沢諭吉の言葉で、慶応に関係している人たちの共通の目的になっている。理想の追求は一人ひとりの役割を自分で考えてやっていくしかない。教員、職員、塾生、塾員（卒業生）がどのような形でどう全社会の先導者として貢献するか考えている。世界の隅々に卒業生たちが散らばっているが、あらゆる形で全社会の先導を進めていってもらいたい。トップ１％の金持ちになるのではなく、将来的に持続可能なよい世界をつくっていく。あらゆる形でさりげなく慶応がリーダーシップを取ってほしいというのが私の思いだ。

――慶応が求めている人物像を教えてください。

独立自尊な人。そしてその尊厳を重視する人だ。人間の尊厳を重視すればさまざまなことに共感できる。共感力はとても大切で、世界の出来事をひとごとではなく当事者として捉えられるし、社会を正しい方向に持っていくことができる。よいことにも悪いことにもイマジネーションを膨らませられる「想像力」を持つことも大切だ。

（聞き手・宇都宮　徹）

伊藤公平（いとう・こうへい）

1965年生まれ。89年慶応義塾大学理工学部卒業。94年米カリフォルニア大学バークレー校工学部 ph.D. 取得。2007年慶応義塾大学理工学部教授。21年5月から現職。専門分野は固体物理、量子コンピューター、電子材料など。

【早稲田大学】提携を続々締結し知のネットワーク構築

私学の雄、早稲田大学。早稲田キャンパス（東京・新宿区）周辺は、定食屋や居酒屋、書店が軒を連ねる学生街。バンカラ、庶民的といったイメージや、マスプロ教育で「学生一流、施設二流、教授三流」といわれたのは今や昔。早稲田は大きく変わり始めている。

早稲田キャンパスを歩くと、オフィスビルのようなガラス張りの校舎がいくつも並ぶことに驚く。変わったのは施設だけではない。早稲田の目線は世界を向いている。

150周年となる2032年に向けた長期ビジョン「Waseda Vision150」を踏まえ、18年に就任した田中愛治総長は、「世界で輝くWASEDA」を目標に掲げた。「国際的に意義のある大学になり、人類の役に立つ人材を送り出す」（田中総長）。背景には強い危機感がある。IMD（国際経営開発研究所）の「世界競争力年鑑」で

1990年代前半に世界1位だった日本の総合順位は21年に31位へ低下。現在の日本の教育では世界の変化に太刀打ちできる人材は育たないと考えたのだ。

そこで早稲田は「たくましい知性」と「しなやかな感性」の2つを兼ね備えた学生の育成に着手した。「たくましい知性」とは、答えのない問題に挑み、自分なりの解決策を考えられる力だ。「地球温暖化や新型コロナウイルスによるパンデミックなど、処方箋のない問題は多い」(田中総長)。

「たくましい知性」を養うために注力してきたのが全学部向けの基盤教育。当時教務担当理事だった田中総長が主導し13年にできたのがグローバルエデュケーションセンター(GEC)だ。学術的文章を作成する「アカデミック・ライティング」、発信力を身に付ける「英語」、論理的思考力を養う「数学」、データや統計を活用する「データ科学」、ICTスキルを学ぶ「情報」の5つを学問の基礎となるリテラシーと定めた。

とくにデータ科学については17年にデータ科学センターを設立するなど重要視してきた。日本の高校は早い段階で文系・理系を分け、私立大学文系の受験生は数学を諦めてしまう。田中総長はこうした風潮に対し、「大学入試が高校教育を歪めてしまった。データ科学に基づくエビデンスベースの議論をする力を学部生が身に付けないと、日本の大学は世界で戦える人材を出せない」と警鐘を鳴らす。

成果は着実に上がっている。学部の1学年およそ8900人のうち、GECで数学かデータ科学を履修したのは約6000人。法学部の学生からは、「数学を学んだら、法律の勉強が楽しくなった」といった声も聞かれるという。

政治経済学部では国際政治経済学科、経済学科に加え19年から政治学科でも統計学を必修にした。21年の一般選抜から数学I・Aを必須科目にしたのも、学部教育で必要なことを明確化するためだ。

数学やデータサイエンス教育に注力
—近年の早稲田大学の取り組み—

2013年	全学共通教育を担う、グローバルエデュケーションセンターを設立。アカデミック・ライティング、英語、数学、データ科学、情報の5つを基盤教育に位置づけ
17年	データ科学センター設立。全学向けデータサイエンス教育プログラムを開発
18年	新思考入試を開始(地域連携型)
20年	日本医科大学と研究連携で合意(1月) 東京大学との包括連携協定を締結(3月) 英オックスフォード大学と研究交流で連携合意(4月)
21年	政治経済学部の一般選抜で数学を必須科目にするなど入試改革を実施

もう1つの「しなやかな感性」は国内外の多様な人々のニーズを肌で感じて想像する力を指す。田中総長は「たとえ自分の頭で考えたとしても、日本で育ち早稲田大学で教育を受けただけであれば、世界中の人々が満足する解決策を導き出すことは難しいかもしれない」と、留学を推進する考えだ。キャンパス内にも、異文化交流センター（ＩＣＣ）など多様な価値観に触れられる環境がある。

有力大学と連携する狙い

「世界で輝くＷＡＳＥＤＡ」を目指すため、有力大学と連携し、社会変革につなげることも目指す。

２０２０年1月には日本医科大学と研究連携で合意した。声をかけたのは早稲田だ。「理学や工学博士の力がないと、医学研究・教育や診療がうまくいかない時代。早稲田の理工が日本医大と組めば、日本の医学を変えられる」という思いから、私立の医科単科大学ではトップの日本医大と連携した。

２１年度には日本医大生を早稲田の理工に迎える研究室配置を開始。６月、８月には合同シンポジウムを開いた。２２年４月入学から早稲田大学高等学院、早稲田大学本庄高等学院、早稲田実業学校に日本医大の推薦入学枠が設けられる。

２０年３月には東京大学と包括連携協定を締結。田中総長は、「日本はデジタル化で世界から周回遅れ。大学から知を発信し、社会実装力がある人材を出す必要があるという問題意識が（当時の東大総長）五神真先生と同じだった」と振り返る。先端的な研究に強みがある東大。一方の早稲田は、１００超の国・地域から来た留学生約５０００人が在籍し、コロナ禍以前は４５００人以上の学生が留学するなど、国際性や社会への普及力がある。さらに「早稲田の学生には草の根の需要をつかむ感知力もある」（田中総長）。すでに現代政治学や中国社会思想史、半導体や量子コンピューティング、ロボットの分野で共同研究やシンポジウムなどが行われている。

全学向けの基盤教育で世界に通用する人材を育成すると同時に、有力大学との連携で社会そのものを変えていく。「世界で輝くＷＡＳＥＤＡ」への道のりはまだ始まったばかりだが、着実に歩みを進めている。

（常盤有未）

ライバルの慶応と連携加速へ

「たくさんの大学と連携するよりも、少数の大学と効果的な研究・教育の協力ができたほうがいい」と述べた田中愛治総長が東京大学、日本医科大学に続いて名前を挙げたのが慶応義塾大学だ。

早稲田と慶応の連携は図書館の相互利用が始まった1986年4月までさかのぼる。2019年9月には図書館システムの共同運用を開始。早慶の研究者・学生は早慶図書館の1000万冊以上の資料を検索できるようになった。コロナ禍を受け21年3月には互いの蔵書を取り寄せられるサービスも試行的に始まった。

早稲田が慶応との連携を再確認するきっかけとなったのは、5月28日に就任した慶応の伊藤公平塾長らが早稲田を表敬訪問したことだ。

慶応の伊藤塾長と早稲田の田中総長はともに体育会出身で、大学院の修士号・博士号を米国の大学で取得している。コロナ対応などについて話をしたというが、「共通点も多くて話が合った」（田中総長）。7月には田中総長らが慶応に返礼の訪問をするなど、交流が生まれている。

「仲はいいが、とくに研究面では切磋琢磨するライバルでもある。ただ、コロナ対応やスポーツ、学生の交流などではそうとう連携してもいいと考えている」（田中総長）

慶応の伊藤塾長も他大学との協調を進める姿勢を示している。私学の両雄の連携が本格化すれば、早慶の実力がさらに高まることは間違いない。

「優秀な教員の採用が進めば世界に貢献する人材が育つ」

早稲田大学　総長・田中愛治

――総長就任から2年11カ月経ちましたが、「世界で輝くWASEDA」の実現に向けた取り組みの進捗は？

世界への道のりは6割くらい達成したという実感だ。とくに「たくましい知性」を鍛えるための教育環境は、ほぼ完成した。データや情報を扱う力、数学的思考力、日本語や英語で論理的に発信する力は、世界で普遍的に通用する。

「しなやかな感性」を育むためにいちばん効果的なのは留学すること。海外でまったく文化の違う人に囲まれて生活して、そこから日本を見る。ただ、2020年度はコロナ禍で留学生の送り出し、受け入れが止まってしまった。早稲田の加盟する環太平洋大学協会（ＡＰＲＵ）がオンラインの学生交流ラウンジを開設してくれた。リアルとオンラインとの組み合わせが目下の課題だ。

さらに、「世界で輝くＷＡＳＥＤＡ」を実現するためには教員の採用も大事だ。就任以来、「自分を追い越すような人こそ雇ってください」と言っているが、これを完全に浸透させるにはあと2～3年かかる。この価値観が早く共有できれば、世界に貢献できる人材を出せる。

――21年度入試で政治経済学部は数学が必須科目になりました。他学部にも広がりますか。

政治経済学部では、数学を含めた大学入学共通テストで基礎学力を見る。日本語や英語の長文を読み、自分なりの答えを論理的に導き出させる独自試験で、政治経済に必要な考え方を問う形式としたのが特徴だ。商学部などは独自のやり方を検討しているだろうし、可能性はあるだろう。ただ、全学部で必要ということにはならない。例えば文学部では芥川賞や直木賞を取るような卒業生が出るが、これは「頭ではなく心で考える」という世界で、これも重要だ。

――日本医科大学と連携し、同大学では早稲田の付属・系属校からの推薦入学も始まりますが、医学部設置は考えませんか。

長い目で見ればあるかもしれないが、私が総長のうちはないと思う。医学と理工学の連携で、日本の医学のあり方を変えることがより重要だ。

医学の研究の（学術誌の影響度を表す）インパクトファクターは10～12と、理工系や私が専門とする政治学と比べて高い。早稲田の理工系の先生と日本医大の先生が共同研究を行って論文を出すと、どちらも研究力が上がる。一緒に日本の医学を変えるという夢を実現するだけでなく、連携には現実的なメリットもある。それだけで十分だろう。

――10月1日に国際文学館（村上春樹ライブラリー）が開館しました。開設の経緯や狙いは？

村上春樹さんの著書は50言語以上に訳されており、書評も多く出ている。村上さんにはお子さんがいないため、それらを散逸させず後世に伝えてほしいと。国際文学の中の日本文学という視点から学び、発信する後輩が出てくれたらうれしいとおっしゃったので、開設が決まった。

国際的な文化交流の発信の場にしたい。村上さんのような文学者や、文化発信の研究者が育つことを期待したい。

（聞き手・常盤有未）

田中愛治（たなか・あいじ）

1951年生まれ。75年早稲田大学政治経済学部卒業。85年米オハイオ州立大学大学院政治学研究科博士課程を修了しph.D.（政治学）取得。早大政治経済学術院教授、理事（教務部門総括）などを経て、2018年から現職。

【上智大学】学ぶ中身を自分でデザイン　新教養教育を22年から開始

日本で最初のカトリック大学として開学し、都心の四谷にキャンパスを構える上智大学。92カ国の留学生が在籍し、海外と独自のネットワークを持つなどグローバル人材を育成する大学の筆頭格だ。

その上智が2022年度から新しい教養教育をスタートする。学部の1年生から4年生までが履修する全学共通科目を大きく見直し、新カリキュラムを組む。カリキュラムを主導する「基盤教育センター」も新設する。

曄道佳明学長は「教養、語学、学科で行う専門教育が有機的に結合することが必要だと考えた」と説明する。複雑化する社会課題を解決するために、多角的な視座を持つ人材を育てる狙いがある。

どう変わるのか。新しい教養教育は①コア科目群、②展開知科目群の2つで構成。

コア科目群は人間理解や思考の基盤について学ぶ。具体的にはキリスト教人間学やデータサイエンスに関連した科目などを置く。データサイエンス関連の科目は先行して開講している。

展開知科目群は、社会の中で自分がどのような役割を果たすかを考え、さまざまなアプローチができる人材を育てる。歴史や哲学といった分野ごとのカテゴリーで分けずに、学生が主体的に学べるように「実践・経験」「社会展望と課題」「視座」の3つのカテゴリーから科目を選ぶ。

両科目群とも導入時から展開し、応用まで段階的にレベルを設定して学ぶ。現在、3、4年生の共通科目は2単位が必修だが、22年度の入学者からは4単位に拡大する。曄道学長は「新しい科目を開設して終わりではなく、各学科との連携や、時代に合った科目を配置できているのかを、大学側がつねに考える必要がある。時代に応じてアップデートしなければならない」と話す。

半数が推薦、総合選抜

上智ならではのグローバル人材の育成も進める。23年度までの長期計画「グランド・レイアウト2・1」のうち、重点計画の1つが「大学の教育・研究・学術交流の推進」だ。この中でグローバルキャンパスの創成を挙げている。

オンライン教育でも一歩先を行く。「COIL型」と呼ばれる国際的な双方向の教育手法を導入。お茶の水女子大学、静岡県立大学と連携し、海外大学との共同講義でグローバル教育の幅を広げている。

着実に成果を上げているが、曄道学長の危機感は強い。「留学生が何カ国から来ている、英語で行う授業は何科目というところから脱皮し、グローバルな環境をどう使うかということを提示しないと意味がない。学生が社会課題を認識し、解決策を考える力をつけるためには、社会構造そのものを理解する必要がある」と強調する。

私立大学は付属校や系属校を増やして学生を確保する傾向があるが、上智はどうか。

上智を運営する上智学院は16年、カトリックイエズス会を経営母体とする栄光学園（神奈川県）や六甲学院（神戸市）など4つの学校法人と合併した。ただ付属校にはせず、各校の教育方針を維持。進学先も国立大学など多様な学校を選ぶ傾向にあるという。一方、全国のカトリック系の高校からは、特別入試枠を設けて受入数を増やしている。「カトリックの精神に育まれた学生が大学に一定数いることは重要。1割程度はカトリック校から入れたい」（曄道学長）。

さらに上智は指定校推薦や総合選抜などの比率が高く、多様な学生を多く受け入れている。21年度入試では約半数が特別入試での合格者だった。多様な学生の存在と新たな教養教育が、上智の発展の原動力となりそうだ。

「論理的思考と批判的思考で分析する人材を」

上智大学　学長・曄道佳明

――2023年度までの長期計画「グランド・レイアウト2・1」を進めています。

創立100周年のときに今後10年のビジョンを明確にするために最初のグランド・レイアウトを定めた。教育を大事にしながら、総合大学としての研究力や社会への貢献など大学が社会の中で果たす役割を時代に応じて明確にするのが、基本的な考え方だ。

――22年度入学生から新しい教養教育をスタートします。狙いは。

教養、語学、専門教育が有機的に結び付くことが必要という考えに立っている。例えば、若い世代はデータサイエンスの必要性は十分に理解している。ただし、データサイエンスへの倫理的な考え、つまりデータサイエンスで実現される社会がどうあるべきかという展望や洞察がないと、これからの社会のリーダーにはなりえない。論理的思考や批判的思考をもって正しく分析できる力が必要だ。

——昔からグローバル化に取り組んでいます。国際社会で活躍する人材をどう育てますか。

グローバル社会の中で請われる多様性とは何かを認識することが大事だ。また、理論ではなく、経験や実践を大切にしてほしい。私は、学生のうちに日本とは反対側の社会を見たほうがいいと考えている。例えば明日の食事に困る、電気の通っていない所で生活するといった世界を肌で感じることで、初めてグローバル社会のサイズ感を知ることになる。傍観的な理解と肌身で理解することとはまったく違う。

社会人の視点を還元する

――社会人に向けた学びのプログラム「プロフェッショナル・スタディーズ」を20年から開講しています。日本のリカレント（学び直し）教育はどこに向かうべきでしょうか。

社会人になると教養を学ぶ機会が大きく減る。プログラムでさまざまな年代の人が議論をしたり情報共有したりする中で、新しい発見が出てくる。社会人が持つ視点を学部教育に還元もできる。

日本全体のリカレント教育を見ると、足並みがそろっていないように思う。20代前半の大学での学びが最終機会となるのは大きな損失だ。日本の社会人がグローバル社会で活躍を求められる中、リカレント教育は確実に必要だ。

曄道佳明（てるみち・よしあき）
1994年慶応大学大学院理工研究科博士後期課程機械工学専攻単位取得満期退学。2004年上智大学理工学部機械工学科教授、11年学務担当副学長、14年上智学院グローバル化推進担当理事補佐、17年4月から現職。

【東京理科大学】学部・学科再編は最終章「世界の理科大」になれるか

理工系の総合大学として7学部32学科を擁し、理工系の私立大随一の規模を誇る東京理科大学。2031年の創立150周年に向けた長期ビジョン「日本の理科大から世界の理科大へ」を掲げる。世界をリードする創造的な研究の推進へ、学部・学科の大規模な再編とキャンパスの再配置を進めている。

理科大は都心の神楽坂（東京・新宿区）を軸に、葛飾（東京）、野田（千葉）、長万部（北海道）の4つのキャンパスを有する。25年には薬学部を野田から葛飾へ移転し、都心の研究機関などとの連携を強化。22年には工学部工業化学科も葛飾に移転し、工学部のすべての学科を葛飾キャンパスに集約することで学部を横断した研究を進める狙いがある。

私立大学ではキャンパスの都心回帰が進むが、同大は実験環境を維持するために現在のキャンパスを継続利用する考えだ。

学部も大規模に再編中だ。21年4月に経営学部に国際デザイン経営学科を新設した。デザイン経営、国際経営、デジタル経営という3つの研究領域を融合させた学科で、新規事業の創出や社会課題を解決する人材の育成を目指している。

同学科の特徴は旧基礎工学部が使っていた北海道・長万部キャンパスで1年生が全寮制の生活を送る点。実際に暮らすことで地方が抱える課題を肌で感じさせる狙いがある。21、22年度は新型コロナウイルスの影響で使用を見送っているが、コロナの状況を見ながら長万部キャンパスでの学びをスタートさせる。

一方、22年度に理工学部の4学科に設置し、長万部キャンパスを活用する予定だった国際コースは、留学生の入国状況が不透明なため開設を中止した。

今後は、23年度に先進工学部に機能デザイン工学科を新設する予定。キャンパス移転とともに学部・学科の再編が続く。

潤沢な資金で宇宙研究も

「世界の理科大」を目指して、研究者の育成にも力を注ぐ。国が助成する科学研究費などの外部資金とは別に、大学院生がいる研究室の研究費は年間約400万円と「日本の大学でもトップクラス」（岡村総一郎学長事務取扱）だという。大学院生による国際会議での発表件数も年間約500件に及ぶ。

手厚い研究支援が実を結び、さまざまな研究が進む。中でも注目が宇宙関連の研究だ。2018年に小惑星探査機「はやぶさ2」が小惑星「リュウグウ」の表面を撮影したときの小型カメラは、理科大が開発した技術によるものだ。宇宙旅行を身近にする研究を行う宇宙ベンチャーも立ち上がっている。

こうした研究をさらに加速させようと21年4月には「スペースシステム創造研究センター」を開設。基礎研究から宇宙へのアクセス手段まで宇宙に関連した研究を横断的に行う。

一方、世界で通用する人材を育成するために、若手教員を海外に派遣する在外研究員派遣制度にも注力している。世界レベルの研究だけではなく一流の研究者との交流や人脈づくりは重要だ。「日本の研究者が世界の研究ネットワークに食い込めなくなっているといわれている。准教授や講師、若い教授が第一線の研究者と交流し、人脈を広げてほしい」と岡村学長事務取扱は話す。また、海外からの留学生も積極的に受け入れている。20年度はアジアを中心にインドやアフリカなどからの計613人の学生が理科大で学んだ。

もう1つ、理科大を象徴する言葉が「実力主義」だ。実力主義の中には、学部ごとに指定科目を定め単位取得を進級の前提とする「関門制度」がある。1科目でも落とすと留年というシビアな制度で理科大の伝統だ。

21年3月にはこの実力主義を再定義。「未来を拓（ひら）く実力」として、高い専門性と科学的思考力、専門分野を超えて共創できる力などを挙げた。岡村学長事務取扱は「厳しいだけでは真の学ぶ力は身に付かない。学びを深めるためには学生自身のモチベーションが大切だ」と再定義の背景を説明する。

前身の東京物理学校では教員を多数輩出し、日本の理数系教育に貢献してきた理科大。新しい実力主義の下で、学生たちがどんな研究を進めるのかが注目されている。

（ライター・国分瑠衣子）

「生活者の目線を持った研究者の育成が不可欠だ」

東京理科大学　学長事務取扱・岡村総一郎

――再定義した「実力主義」ではイノベーション、共創力を生み出せる力が必要と位置づけています。

イノベーションの創出は理工系の大学では以前から取り組んできた。ただ、エンジニアなどの研究者主導でものづくりをすると技術優先になり、生活で求められているニーズとの乖離が起きているようだ。生活者の目線を持つ研究者の育成が欠かせない。

――具体的にどう育成しますか。

学生に課題を提示し、アイデアを募るアントレプレナーシップ教育を2015年から行っている。文部科学省の次世代アントレプレナー育成事業に参画し、早稲田大や多摩美大などと連携して、視野を広げる機会をつくっている。

高学年でも教養科目履修

――文系、理系を問わず教養に力を入れる大学が増え始めています。

２０２１年4月に「教養教育研究院」を立ち上げた。教養と専門科目が有機的に連携した教育を行う。これまで教養というと、1、2年生が履修していたが、２２年度から高学年で教養科目を履修する仕組みをスタートする。専門教育を学びながらの視野で受講すると、見え方も変わってくるだろう。

――理系人材を増やすために付属校の設置を掲げていますが、現段階の進捗は。

日本では文系が約7割、理系は約3割といわれていて、理系人材があまりにも少ない。高校生の時点で文系と理系に分かれてしまっているため、付属校で理系進学を希望する若い人を育てる必要性を感じている。ただ、相手があることなので慎重に進めたい。

――21年の私立大学の入試では、学校推薦型や総合型選抜で入学する学生の割合が増加。理科大はどのようなバランスを取りますか。

志願者数が一定だと総合型選抜などにも対応できるが、増えた場合にきめ細かな対応が難しい。また、受験勉強は計算力など大学で学ぶうえで必要な力がつく。独自の入学試験をメインにする方針は変わらない。

――3月末で松本洋一郎学長が退任し、学長不在が続いています。今後のスケジュールは。

ご心配をおかけしたが、候補者が決まり10月に信任投票を行う。11月には理事会で決定し、公表できる見通しだ。（注：11月10日の理事会で石川正俊氏が学長に決定―2022年1月1日付け就任）

岡村総一郎（おかむら・そういちろう）
1989年東京理科大学工学研究科電気工学博士課程修了。98年奈良先端科学技術大学院大学助教授。2005年東京理科大学教授。21年4月から現職。

名物教授招聘で強化も

研究力を決める大学人材

「研究力がないと、海外の大学からは相手にしてもらえない」。明治大学の大六野耕作学長が痛感するように、海外での評価を高めるには研究力のアップが不可欠だ。世界大学ランキングも、引用論文数や研究者の評判などの評価ウェートが高い。

だが私立大学の場合、研究力の向上は簡単ではない。社会科学系、人文系といった文系学部中心の大学が多いことと、国立大学に比べて大学院進学者が少なく、使える予算の額も多くないことが理由だ。

研究力を測る指標の1つである科学研究費補助金の採択件数を見ても差は歴然だ。上位は東京大学を筆頭に旧帝国大学などの国立大が占めている。私大は慶応義塾大学が10位に入るが、件数は東大の4分の1で、金額は2割に満たない。慶応以下の大学はさらに金額が低くなる。

◆ 金額は少なくても私大の採択件数は多い
—科学研究費補助金の研究機関別採択件数・配分額—

順位	大学名	採択件数	うち女性比率(%)	うち40歳未満比率(%)	配分額(億円)
1	東京大学	4,202	15.9	38.5	225.4
2	京都大学	3,022	13.5	31.1	139.3
3	大阪大学	2,665	16.4	34.2	104.6
10	慶応義塾大学	1,187	22.6	34.9	36.6
12	早稲田大学	1,131	20.4	32.3	29.8
21	立命館大学	690	23.9	30.7	13.4
37	東京理科大学	424	12.7	39.6	11.4
45	同志社大学	363	25.1	27.0	7.9
50	明治大学	342	20.5	17.0	7.3
58	関西大学	302	19.9	18.9	5.9
64	中央大学	279	19.7	26.9	5.4
70	関西学院大学	266	22.6	24.4	5.3
74	法政大学	251	27.5	13.5	4.1
88	立教大学	209	28.2	25.8	5.4
94	上智大学	201	34.3	18.9	4.0
102	青山学院大学	168	22.6	24.4	3.1

(注) 2020年度採択分。順位は採択件数順で大学以外の研究機関も含む。採択件数は新規と継続の合計で、配分額は間接経費を含む　(出所) 文部科学省研究振興局「令和2年度科学研究費助成事業の配分について」

大規模研究主導者も

そんな中、大きな研究を進めている私大もある。そのカギを握るのが優れた研究人材だ。

国が募集する先端研究プロジェクトに採択されると、巨額の予算を得られ、大きな研究プロジェクトを行うことができるが、国立大の研究者に交じり、私大の研究者が奮闘している。

2009～13年度に内閣府が主導して行った「最先端研究開発支援プログラム」（FIRST）では、超高速プラスチック光ファイバーの研究で知られる慶応の小池康博理工学部教授や、同じく慶応で、「神経幹細胞」の発見で知られる岡野栄之医学部教授が中心研究者に選ばれている。続く「革新的研究開発推進プログラム」（ImPACT）（14～18年度）では、人工衛星開発の研究で知られる慶応の白坂成功教授がプログラム・マネジャーに選ばれ、小型合成開口レーダ衛星システムの開発を主導した。

現在は予算総額1000億円規模で、野心的なイノベーションを生み出す「ムーンショット型研究開発制度」(19年度〜)が進むが、私大からも何人かの研究者がプロジェクトマネジャーとして選ばれ、研究に取り組んでいる。

長年スマートロボットの研究を続けてきた早稲田大学の菅野重樹教授がその一人。早稲田では理工学術院の学術院長を務め、家事や介護を行えるスマートロボットの開発を目指す。同じく、早稲田の竹山春子理工学術院教授は、土壌微生物の活用による、化学肥料や農薬を極力抑えた循環型農業の確立を目指す。

慶応からも、人の動きにシンクロして動くロボットなど、サイバネティック・アバター技術の開発を進める若手研究者・南澤孝太教授が名を連ねている。

デジタル領域で活躍

一方、進学先を決める受験生側としては、「志望校は興味・関心がある学問領域で選ぶ」(教育関係者)という。中でも人気なのがデジタル領域。私大でも多くの研究者が活躍しており、教育の面でも彼らの存在が欠かせない。

「実世界指向メディア」をキーワードに、ＶＲ（仮想現実）などの研究を行い評価されているのが、法政大学情報科学部の小池崇文教授だ。電気から味覚を体感する研究などを進めている。

ロボット分野では、理工学部にロボティクス学科のある立命館大学が有名。中でもロボティクス研究センター長の川村貞夫教授は、産業用ロボットアームの開発・研究の第一人者として知られている。最近は食品を盛り付けるロボットの開発などを進めている。

立教大学では、ガンマ線観測など高エネルギー天文学・宇宙物理学の研究で知られる内山泰伸教授が教鞭をとる。内山教授は２０年に開設された大学院・人工知能科学研究科の委員長に就任、ＡＩ（人工知能）を活用した研究も進める。

一方、同じデジタル領域でも法律と組み合わせた学びを展開しているのが、法学に強い中央大学だ。

中でも、国際情報学部の平野晋教授は日本でサイバー法の先鞭をつけた人物として知られている。さらに、ＡＩと社会のあり方について研究を進める須藤修教授も同大学に在籍。須藤教授は21年4月にＡＩ・データサイエンスを倫理的、社会的、法律的側面から考える研究機関・ＥＬＳＩセンターの所長に就任、文理融合を目指す中央らしい研究が進むと期待されている。

須藤教授は東大で研究を行っていたが、定年退職を機に中央に軸足を移し、同校の研究の中心的役割を担っている。このように移籍した大学で研究の柱として活躍するケースが増えている。

立教は東大にいた人材開発や組織開発を専門領域とする中原淳氏を経営学部に招聘、教授としてリーダーシップ開発コースの主査を任せている。

その立教のリーダーシップ・プログラム開発の立役者だったのが、早稲田の日向野（ひがの）幹也教授だ。16年に早稲田に移籍し、同校でリーダーシップ開発プログラムの実践を進めている。

早慶上理・ＭＡＲＣＨ・関関同立といった私大は、こうした優れた人材の獲得を進めながら、国公立大に負けない研究や教育プログラム提供に力を入れている。

（宇都宮　徹）

【明治大学】「研究の明治」シフトで国際競争力アップを狙う

志願者が増加し、早慶に迫る勢いの明治大学。最近は世界に認められる大学になるため、研究に力を注いでいる。

2005年に研究支援と、成果の活用を目的とした「研究・知財戦略機構」を設立。同機構は付属研究施設や付属研究機関、「研究活用知財本部」「研究企画推進本部」で構成されている。

研究を支援する仕組みはこうだ。まず教員が学内外と組んでグループをつくり、「特定課題研究ユニット」として研究企画推進本部に申請する。一定の期限内にその研究が大きく進めば、「研究クラスター」に昇格させて、大学から研究資金を支給する。さらに世界水準の研究に発展すれば、「特別推進研究インスティテュート」という同機構の付属研究機関として、施設を優先的に使用する権利を与え、予算も継続的に支給する。

予算のほかに機構では研究支援として、科学研究費申請のバックアップや共同研究スペースの確保、さらに国際学会での発表を指導するために、米カリフォルニア大学アーバイン校と提携、英語のプレゼンテーション講座なども行う。

「本学の特徴は、自由に研究できる環境があるということ。本学の教員が他大学の教員と一緒に進めている研究も多々ある。学内にこもらず、私学が持つ自由で斬新な視点により、世界に通用する研究者を育てていく」と、大六野耕作学長は説明する。

実績も出ている。中野キャンパスに本部がある「先端数理科学インスティテュート（ＭＩＭＳ）」では、杉原厚吉教授率いる「錯視を数理モデル化」、萩原一郎教授チームの「折り紙工学」、宮下芳明教授チームの「味ディスプレイの発明」など、ユニークな研究が進む。さらにＭＩＭＳが運営する「現象数理学研究拠点」は学内にとどまらず他大学と共同研究を行い、１４年に文部科学省の「共同利用・共同研究拠点」の１つに認定された。数学、数物系科学分野で認定を受けたのは５つの拠点だけで、私大では明治のみだ。

研究の事業化を推進

明治は首都圏の上位私大で唯一農学部があり、同学部から発信された研究は、企業とタイアップし製品化も行う。村上周一郎教授のチームは微生物の研究を応用し、熟成肉を簡単、かつ安全に作る「エイジングシート」を開発。食品ベンチャー企業とタッグを組み、ベンチャー企業・ミートエポックを創設した。現在はシートを鮮魚にも応用しており、フードロス削減の効果も期待されている。

もう1つが、長嶋比呂志教授が代表を務める「バイオリソース研究国際インスティテュート（MUIIBR）」の研究だ。ヒトiPS細胞を用いて、ブタの体内で人間の臓器を作る研究を進めている。17年にはスピンオフベンチャー企業、ポル・メド・テックを立ち上げ、事業化への道筋をつけた。大学の広報記事を読んで興味を持った女子高校生から、大学で研究体験をしたいという申し出があり、現在は研修生として受け入れているという。

大学全体での企業などからの研究費受け入れ実績は年々増加。12年に初めて

10億円を超え、18年には15・8億円に達した。今後は人文科学系や社会科学系の知見を研究に取り入れるなどでさらに組織を厚くし、30年には50億円を確保したいとしている。

「優れた研究は、世界と戦う力になるとともに受験生も引きつける。研究の明治というイメージを定着させていきたい」と、大六野学長は意気込む。

明治大学が研究領域でどこまで世界のトップに迫れるか、注目が集まる。

「世界レベルの研究を国内外へ発信していく」

明治大学　学長・大六野耕作

――2021年創立140周年を迎えました。150周年に向けた抱負を聞かせてください。

2040年には日本の18歳人口が88万人になり、大学へ進学する数は51万人弱と推計されている。現在より12万人減少することになる。一方で中国やインド、東南アジア、アフリカはターゲットとして今後有望な地域だ。日本の大学は今後、海外の学生を取り込まなければ生き残れない。

――海外に認められる大学とは。

今の日本の大学では世界に伍していけるとは思わない。活力がそがれたのは、明治維新以降行われてきたことの、成功の裏返しだ。世界の知を縦割りにして効率的に伝えてきた。その教育が思考力や想像力をそいでいる。そこから抜け出さないと競争力は生まれない。

今世界が直面している問題は、科学とともに原理、哲学の問題でもある。領域を超えて取り組んでいかなければならない。

世界各国の大学と結ぶ

――研究力をアピールしています。その狙いは。

ここ数年、協定を結ぶため海外の大学と交流してきたが、必ず「あなたの大学はどんな研究が強いのか」と尋ねられる。研究力がないと、海外の大学からは相手にしてもらえない。明治には世界で高い評価を得ている教員が多く、それを世界にアピールしていく。

―研究人材の流動化を提唱しています。

複数の雇用契約を結ぶ、クロスアポイント制度を導入していく予定だ。コロナ禍によりオンライン技術が格段に進歩した。その技術を利用すれば世界各国の大学と結ぶことができる。近い将来、アジアの大学とで実現できそうだ。いずれは、両大学の学生が同じ学位を取得する制度に発展させたい。

―和泉キャンパスに、和泉ラーニングスクエアを建設中です。

物理空間と仮想空間を、自由に行き来できるキャンパスを目指している。コロナ禍でオンラインが普及したからという理由ではなく、当初から融合体として構想している。構内にはフリースペースをつくり、学生が自由に議論や研究のできる建物にする予定だ。駿河台キャンパスも耐用年数が来る。再開発の折には世界のハブにしたいと考えている。それに値する、最先端のキャンパスを検討したい。

大六野耕作（だいろくの・こうさく）
1954年生まれ。明治大学法学部卒業。同大学院政治経済学研究科博士課程満期退学。明治大学政治経済学部長などを経て2020年に学長就任。大学ではラグビー部の部長を務めていた。専門は比較政治学。

【青山学院大学】手厚い支援で研究者を育成　大学院の進学率も上昇

都会的な青山キャンパスや「英語の青山」のイメージが強い青山学院大学だが、2003年に開設した相模原キャンパスから理系の先端研究が生まれている。相模原には理工学部をはじめ、文理融合型の地球社会共生学部など4学部を併設。阪本浩学長は、「昔からトップレベルの先端研究を手がける先生はいたが、個別で行っており目立たなかった。組織化して学外へ発信していく」と話す。ここ4年ほど理系を青学の研究力アップの牽引役とすべく、さまざまな取り組みを進めてきた。

18年に学長をトップとした総合研究機構を立ち上げ、30年以上の歴史を持つ「総合研究所」（総研）と、18年創設の「総合プロジェクト研究所」（総プロ）を組み込んだ。総研は学内資金で運営されるユニット群であるのに対し、総プロは科学研究費や企業との共同研究など、外部資金によるプロジェクトで構成される。総プロの研究数は20超にまで増加。外部資金総額も16年に4億9000万円だったのが5億7000万円となった。

19年には組織を支えるURA（University Research Administrator）が配置された「リエゾンセンター」を設置。外部資金の獲得や企業との橋渡しなどで研究を支えつつ、相模原市や地域企業との連携も進めていく。

17年からは、大学の研究成果の実用化を目的として行われる「科学技術振興機構（JST）新技術説明会」に参加。産学連携を推進する「イノベーション・ジャパン」、アジア最大級のIT国際展示会「CEATEC」などにも出展し、注目を浴びた。

研究者支援も進める。博士課程の大学院生に研究資金の給付、国際学会への参加支援制度といったサポートがある。JSTが主催する「次世代研究者挑戦的研究プログラム」A日程で採択が決定しており、博士後期課程の学生15人が研究奨励費を受給する。

理工学部では大学院へ進む学生の成績に応じて、授業料の15%～全額を免除する奨学金を導入したり、「院生助手」として雇用したりすることで進学率が上昇。21年には博士前期（修士）課程への進学者が前年度比16%増、博士後期課程への進学者が約2・3倍増えた。黄晋二学長補佐が、「理系分野が引っ張ってきたが、最終的には人文社会系も含めて展開したい」と話すように、学際分野では超高齢社会が抱える課題に取り組むジェロントロジーの研究などが進む。

INTERVIEW　青学　学長が語る

「サーバントリーダー育成の教育を進める」

青山学院大学　学長・阪本　浩

――150周年に向けて次の戦略をどう描きますか。

　140周年を迎えた2014年に「AOYAMA VISION」としてサーバントリーダーの育成を目標にした。いろいろな人の知恵を集め、新たな価値を生み出すことができるリーダーだ。大学では10のアクションを展開している。コロナ禍により変更せざるをえないものもあったが、21年はジェンダー研究センターを開設、新図書館棟も11月にくわ入れ式を行い、着工が始まった。総合研究機関の設置で、さらに研究も進んでいる。

――新図書館棟の位置づけは。

アカデミック・シティー構想として位置づけている。4、5、6、10号館を解体して建築を進めており、24年完成の予定だ。情報メディアセンターと図書館の機能を持たせ、1、2階はPC教室と学生が集まるラウンジ。上階は専門性の高い研究につながる空間になる。「学生本位の図書館」というコンセプトで、進化する図書館として展開する。ICTは必須だが、4～5年で見直して時代へフィットしたシステムに変えていく。青山キャンパスの再編も進める。19年に募集を停止した短大の校舎については、学院全体で検討する。

AIなどを全学展開

――リベラルアーツ教育については、03年から「青山スタンダード科目」として取り入れています。

専門的な学びの土台として、幅広い教養を身に付けることが必要だ。学生が集まって問題解決に当たるPBL型の授業も導入している。1年次の「フレッシャーズ・セミナー」は、1クラス約20名、ゼミ形式で行っている。今後はAIやデータサイエンスの全学展開や英語で展開する授業などもカリキュラムに取り入れていきたい。

――21年春は入試を大きく変えました。

先進的な高校では、アクティブラーニング形式の能動的な学びを取り入れている。大学は、そういった生徒たちの期待を裏切らないような教育をしていかなければならない。そのためには入試改革も必要だ。本学の教育には、思考力、判断力、表現力が必要で入試もそのように変えた。志願者は減ったが、青学のこの学部に行きたいという受験生が、覚悟を決めて来てくれた。ミスマッチを防ぐことにつながったと思う。

阪本　浩（さかもと・ひろし）
1954年生まれ。青山学院大学文学部史学科卒業、東北大学大学院文学研究科西洋史学専攻博士課程退学。青山学院大学文学部史学科専任講師、助教授を経て教授に就任。2019年に学長に就任。専門は古代ローマ史。

【立教大学】 豊かな教養を身に付ける全学部共通カリキュラム

東京・池袋の赤れんが校舎が洗練された印象の立教大学は、米国聖公会の宣教師が創立したという背景からか伝統的に英語教育に強い。1年生全員を20人前後のクラスに分け英語のディベートを行う授業を20年に必修化した。

このカリキュラムを前提に、21年の入試は文学部を除き独自の英語試験を廃止。4技能をバランスよく身に付けているかを見るため、英語検定などの外部試験を取り入れた。「大学教育の英語はスコアアップのためではない。英語で学ぶことで世界を広げ、海外の資料や文献に当たることで視野を広げていく」（西原廉太総長）のが目的だ。

さらに英語で行う授業を全体の20％まで増やすことを目標としており、学部や全学共通科目に導入。2年生以上には専門の内容を英語で学ぶ橋渡しをする「CLIL」

も取り入れた。今後は、文学部なら1限は提携する英ケンブリッジ大学の教授の講義をオンデマンドで視聴、2限に日本人の教員が日本語で補講を行うプログラムも検討している。

21年9月からは海外留学を再開し、新型コロナワクチン接種などを条件に102人の学生を送り出した。留学に対する学生の意欲は高いという。留学生受け入れ制度も整えている。22年9月から「Rikkyo Study Project」を開始。これは海外の高校と協定を結び、指定校推薦で生徒を受け入れる制度で、日本語能力の向上を図るNEXUSと、英語のみで授業を構成するPEACEの2つのプログラムを用意する。

IT活用で早期授業開始

もう1つの柱が、データサイエンス教育の充実だ。各学部の専門科目と全学共通科目の総合系科目に導入、力を入れている。立教ではITを活用した授業が進む。1回目の緊急事態宣言が発出された20年4月には、全学部でオンライン授業を開始した。「3・11のときは1カ月休講にし、学生とのつながりを絶った反省がある。今回は学びを止めない覚悟だった」（西原総長）という。

20年4月には、高エネルギー天文学を研究する内山泰伸教授を研究科委員長として、日本初となるAIに特化した大学院「人工知能科学研究科」を開設した。知識や技術を身に付けるとともに、企業と共同で研究を行うことも予定されている。英語とAIのアプローチで、新しい時代の教養人を育てていく意向だ。

「カリキュラム磨きクオリティー高い教育を提供する」

立教大学　総長・西原廉太

——リベラルアーツ教育が充実しています。

開学以来、本学はリベラルアーツを大事にしてきた。専門性とともに、グローバルマインドやリーダーシップマインドを持った教養人を育てたい。学びの精神を知り、学びの技法を身に付け、多角的な視座を持つことだ。２０１６年から全学共通の「RIKKYO Learning Style」を導入した。４年間を導入期、形成期、完成期に分けて段階的に学ぶ。とりわけ大切なのが、１年次の「ファーストタームプログラム」だ。歴史や科学などの科目のほかに、プレゼンテーションやタイムマネジメントも設定されている。今後はＡＩ、データサイエンスも取り入れていく。

「グローバル教養副専攻」も重要な構成要素の1つ。必修ではないが、全学生が履修するように誘導していきたい。「立教サービスラーニング」(RSL)も、本学を代表する実践的なプログラム。農山村地帯や海外などで、フィールドワークを行う。

——リーダーシッププログラムも強化しています。

現代社会で求められるのは、集団を率いるカリスマではない。チームの強みを引き出し、みんなで協力し目標を達成できるリーダーだ。中原淳教授ら経営学部が培ったリーダー教育を「グローバル・リーダーシップ・プログラム」(立教GLP)として全学展開している。学年横断で行い、多国籍企業などと連携し、グループに分かれて課題解決に当たる。

——横断的な学びも多くあります。

2万人規模の学生を抱える大学で統一プログラムができるのは、学部間のつながりが強く、意思疎通が図れているから。入試に「全学部日程」を導入できたのも、同様の理由だ。

――150周年に向けた構想は。

2023年に新座キャンパスに、健康科学とウエルネスに焦点を当てた学部をつくる予定だ。コロナ禍で健康科学の重要性が認識された。池袋キャンパスにも文理融合型の新学部を構想中だ。

西原廉太（にしはら・れんた）

1962年生まれ。京都大学工学部卒業、立教大学大学院文学研究科組織神学専攻博士前期課程修了。立教大学文学部長などを経て2021年立教大学総長就任。専門は英国宗教改革神学など。

【中央大学】法学部全学年が都心へ移転　2大キャンパス時代へ

中央大学のキャンパス再編が進んでいる。目玉は23年に行われる、法学部の東京都文京区・茗荷谷キャンパスへの移転で、全学年6000人の「大移動」が実現する。「法学部は中央の看板学部。法学部を軸にして中央は発展すべきだと思っている。都心で競争力を高めていきたい」（河合久学長）と狙いを話す。

さらに同年には市ヶ谷のロースクールを駿河台に移転させ、法曹教育を強化していく。もう1つの狙いが、文理融合型の法教育だ。後楽園キャンパスには理工学部が、市ヶ谷のロースクールとは別地区にある市ヶ谷田町キャンパスには国際情報学部があり、都心のキャンパス同士の連携が容易になる。

「国際情報学部は、法律と情報という文理融合型の教育を行っている。また、学問を社会に実装しようと思うと、必ず法律が関係してくる。例えば理工学部の研究を対象に法律を学ぶようなプログラムの開発も、意義深いと思っている」と河合学長は説明する。

法学部の移転で学生の構成比は都心45％、多摩55％となる。2大キャンパスとすることで、それぞれのコンセプトをしっかりと打ち出す。都心キャンパスが理工学部、法学部などの集う「文理融合」なら、多摩キャンパスは「グローバル」と位置づける。

多摩キャンパスの象徴となるのが、21年に開設した新施設「FOREST GATEWAY CHUO」だ。吹き抜けのエントランスと、ガラス張りの教室が開放感を覚えさせる。木材を多用し、さらにエネルギー消費を通常の50％にするなど、環境にも配慮している。多摩は学部ごとに建物が分かれているため、学部間の交流が薄かったが、新施設は使用を限定せず、学生や教員ががやがやと集う空間を目指す。FLP（全学的教育プログラム）の授業を行ったり、都心キャンパスや海外との交流も行ったりする予定だ。「いずれここでダブルディグリーのような制度をつくれるのではと期待している」（河合学長）。

先を見据えた構想もある。中央の多摩移転は1978年。40年以上経ち、あと20年ほどで建物の法定耐用年数の60年を迎える。「建て替えありきではなく、そこで何をするのか、教育コンテンツをどう組み合わせていくのか、早めに法人内で議論する必要がある」（河合学長）。

時代や学びの変化とともに、キャンパスをどう進化させるか、中央大学の挑戦は続く。

「学際的な学びを取り入れて、グローバル化へ」

中央大学　学長・河合　久

――2015年に10年後を見据えた「ChuoVision 2025」を策定しました。

情勢の変化を見ながら進めている。19年には国際経営学部、国際情報学部を開設した。目下取り組むのは、23年に行われる法学部の茗荷谷キャンパス移転だ。

――国際経営学部は授業の7割以上が英語です。国際化とどうリンクさせていますか。

学生全員の海外短期留学を必須にしていたが、コロナ禍でできなかった。しかし、ありがたいことに、アジアからの留学生は減っていない。900人のうち150人が留学生だ。今はオンライン授業だが、日本の大学に対する期待を感じた。
中国の高校と、海外指定校推薦制度を結んだ。さらにベトナムの日本国際学校と提携し、最大20人の学生を受け入れることで合意している。多様性のあるキャンパスにしていきたい。

――2021年からAI・データサイエンスを全学で展開しています。

人文系にしても研究、分析を進めるうえで必要なスキルだ。レベル分けをして、1年次から系統的に学習する。本学には「AI・データサイエンスセンター」と、法律と情報を研究する「ELSIセンター」がある。2つの車輪として、情報社会をリードしていく。

――学部を超えた学びとして「FLP」が設定されています。

専門だけでなく、幅広く学んでほしいというのが狙いだ。FLPを履修する学生は気概を持っており、ほかの学生や後輩にもよい影響を及ぼしている。

今後はＦＬＰを大学院に展開していく予定で、具体的な検討に入っていく。私大の大学院生が減少しており、とくに文系は厳しい。時代に合わせて学びも変えていくべきだ。既存の研究科を保持し、それらにまたがる新たな科目を設置して、さまざまな所属の学生が受講するようにする。いずれは既存の研究科の改組など、組織変更もありうる。学問はつねに進歩させていかなければならない。

河合　久（かわい・ひさし）
１９５８年東京都生まれ。１９８３年中央大学大学院商学研究科博士前期課程修了。高千穂商科大学助教授、中央大学国際経営学部教授などを経て、２０２１年から現職。専門は会計学。

【法政大学】「旬な学び」実現のため学部横断的履修を強化

男子学生が多いイメージが強い法政大学だが、現在は女子学生が4割に達している。MARCHの中ではいちばん多い15学部38学科を擁しているが、そうした多岐にわたる学問分野を生かした「サティフィケートプログラム」を2019年から導入している。

全学部生が対象で、「SDGs」「ダイバーシティ」「アーバンデザイン」などの科目群から選んで授業を履修し、必要単位を修得すれば「サティフィケート（修了証）」が取得できる。

「SDGs」のプログラムは、18年の法政大学「SDGsステイトメント」宣言を受け、翌年導入された。「国際協力論」「災害政策論」「人間と地球環境」など、各学部が抱えるSDGs関連の科目で構成されている。21年開講の「ダイバーシティ」は多様化する社会、「アーバンデザイン」は文理融合がテーマに設定されている。

「社会の多様化が進むに従い、学生もいろいろな学びを求めるようになっている。それを1つの学部に限定するのは無理がある。学びの幅を広げることで学生の期待に応えたかった」（小秋元段副学長）のが導入の背景だ。

所属学部の学生同様、リポートの提出や期末試験が義務づけられており、「SDGs」では35人が修了証を取得。「SDGsサティフィケートを履修することで考え方が変わった」と話す学生もおり、確実に成果は出ている。

もともと法政には、他学部が公開する授業を履修でき8単位まで認められる公開科目制度がある。サティフィケートプログラムは、公開科目を分野ごとに整備して、3テーマに体系化したもの。1つの校舎に複数の学部が入っており、学部間の交流が盛んに行われていたという背景がある。

「学校推薦型選抜（旧推薦入試）の面接で、法政大学を選んだ理由を尋ねると、公開科目制度が決め手になっているケースが多々あった。横断型のプログラムは、受験生への訴求力があると実感していた」（小秋元副学長）という。

データサイエンス導入

２１年の秋学期から、新たに「データサイエンス・ＡＩプログラム」が追加される。「入門Ａ」と「入門Ｂ」の２コースで、フルオンデマンドで展開する。両コース合わせた履修希望者は想定を上回る１５００人に及び、Ａは希望者８００人を受け入れ、難易度の高いＢは選抜で３００人に絞り込んだ。

「希望者は多くないと踏んでいたが学生は思った以上に意欲的だった。２２年の春学期はさらに増えることが予想されるので、しっかりと応えていきたい」（小秋元副学長）としている。

修了証は、就活時のアピールの１つになると期待されている。とくにデータサイエンス・ＡＩプログラムは効力を発揮しそうだ。

法政の廣瀬克哉総長は横断型の学びについて、「さらに学部間のコラボレーションを強め、とくに法政の強みである実践型の授業に取り入れていきたい」と話す。

例えば、複数学部のゼミが１つのテーマで行うフィールドワークなどを想定。地域活性化なら、法学部や経済学部の学生は街の条例や財政基盤などの視点、デザイン工学部の学生は街のデザインの視点からフィールドワークを行い、複数の視点で街を活性化する方法について議論する。学内だけでなく、他大学のゼミとコラボしたフィールドワークも行う。
　異なる視点と出合うことで、自分の強み、弱みを知ることもできるという。大学が培ってきた「学部教育」を強化していけば、さまざまな学びの可能性が見えてきそうだ。

（ライター・柿崎明子）

「学問を自由に生きるための武器とすべきだ」

法政大学　総長・廣瀬克哉

――法政大学憲章「自由を生き抜く実践知」制定の背景は。

学問は自由であるための武器になるということだ。データサイエンスを例に挙げると、科学的な分析結果があれば思い込みや偏見を払拭できる。身に付けた知識や技法を社会に適用させるための実践知に応用できる学生を育てたい。

――「HOSEI2030」の取り組みを教えてください。

法政大学は3つのキャンパスを持っているが、立地条件と教育、研究、設備や環境を一致させ、各キャンパスのアイデンティティーを確立していく。多摩キャンパスは

1984年に設立されたが、当時と今とでは理想にギャップが生じている。どのようなキャンパスがふさわしいか、教職員や学生が一緒になってアイデアを練っている。

――グローバル教養学部（GIS）など国際化を進めています。

1970年代から海外留学のためのサポートを手厚くしている。本学の学費を納めていれば、留学先に支払う必要がない派遣留学制度があるが、この制度で欧米に留学したOBやOGが社会で活躍している。奨学金を、法政で学ぶメリットとしてアピールしていきたい。秋からは留学を再開した。派遣留学や認定留学に内定していた学生は、強い意欲を持っている。

コロナ禍で、キャンパスでの交流は妨げられたが、オンラインで物理的な距離がなくなった。理工学部のゼミはベトナムの大学と年に一度交流していたが、今では定期的にオンラインでやり取りしている。海外だけでなくSDGsに取り組んでいる地方の自治体と連携し、学生が一緒に政策を考えている。

――アクションプランに男女共同参画を入れています。

法政大学は男子学生のイメージが強いが、実は女子学生が4割だ。女性教員も増えており、毎年コンスタントに女性学部長が出ている。今後は、理工学部の女子学生を増やしていきたい。男女はもちろん、地方の学生や海外の学生が集うダイバーシティが理想だ。

廣瀬克哉（ひろせ・かつや）
1958年生まれ。東京大学法学部卒業、東京大学大学院法学政治学研究科博士課程修了。法政大学助教授などを経て2021年総長に就任。専門は行政学・公共政策学・地方自治。

【関西大学】志願したい大学1位でも強い危機感。国際化に着手

リクルート進学総研が調査した「志願したい大学」（関西地区）で14年連続1位の関西大学。しかし現場の危機感は強い。2016年に策定した長期ビジョンでは、36年の学生数を2万4600人と15年比で4000人減の数値に設定。それを踏まえて今後の戦略を立案した。「18歳人口減少の影響は免れない。関西圏以外から来る学生数が少ないことも課題。その危機感を学内にも広く伝えるため厳しい数字を掲げた」と前田裕学長は言う。

大学の魅力を高めるために力を入れつつあるのが「国際化」の推進だ。14年に「トリプル・アイ構想」を策定。多様な外国人留学生を迎え入れて、日本人学生と留学生がともに学び合う「多文化共生」の環境づくりを始めた。日本人学生にとっては「学内留学」ができるような環境である。

新型コロナの影響で外国人留学生の受け入れや留学は止まっているが、学内留学の取り組みは進んでいる。大きな売りの1つが、遠隔交流プログラムの「COIL（コイル）」だ。04年に米ニューヨーク州立大学が始めた取り組みで、世界中の大学とネットワークを形成。関大も14年に日本の大学で初めて加わった。

海外学生と遠隔交流

関大の教授と海外大学の教授が共同でカリキュラムを作成。両大学の学生が少人数の混成チームを組んで、社会問題解決などのワークショップを英語で行う。全学部の共通教養科目のいくつかで実施しており、誰でも参加可能だ。

COILの強みは、新型コロナに左右されずに日本で国際交流ができること。21年も米国やスペイン、マレーシアの大学と行った。コロナ以前からの取り組みが予想外の形で実を結んだのだ。「コロナ収束後も、経済的に海外留学の難しい学生が日本で国際交流を行えるメリットがある」（前田学長）。さらに今秋から「グローバルスマートクラスルーム」を導入。ＡＩ自動翻訳やアバターアプリと連携したスマートラーニングプラットフォームによって、より遠隔交流がしやすい環境を目指す。

多文化共生キャンパスの実現には外国人留学生を受け入れる環境整備も欠かせない。外国語授業の割合を、３６年時点で学部２５％、大学院５０％と設定。英語授業だけで卒業できるコースもまず大学院で増やし、学部にも段階的に広げていく意向だ。

学是の「学（がく）の実化（じつげ）」を体現しようと、教育を社会貢献に結び付ける取り組みにも力を入れる。２１年始まった「関西大学ＳＤＧｓパートナー制度」はその一例だ。連携できる企業や自治体などを募り、ＮＴＴドコモや大阪府堺市、法政大学などが登録している。サービスの共同研究やアクションプランコンテストなどには学生が参加する。データサイエンスも２１年度から全学部生を対象とした教育カリキュラムを導入。学生のコミュニティーを形成し、企業とも組み、実践の場を整備する。「さまざまな教育の場にＤＸを絡めていきたい」（前田学長）。

「大胆な数値を掲げ、学内外に本気を示す」

関西大学　学長・前田　裕

――長期ビジョン「Kandai Vision 150」では、2036年に現在よりも学部生数が減ると見込みました。

減らしたくはないが、少子化によってそうならざるをえないと予測した。学部生が減れば大学のレベルが低下しかねない、と強い危機感を抱いている。そんなメッセージを学内に伝える意図もあった。

――学部生が減少する中で、生き残りのカギは？

外国人留学生を増やすことだ。現状、日本に来る留学生の半分以上は首都圏の大学に行き、関西圏は4分の1程度なので、もう少し招き入れたい。

「Kandai Vision 150」では、36年には外国人学生を9000人に増やすという数値イメージを掲げた。15年時点では1127人。そこから学部生・院生の3人に1人は留学生という状態を目指す。外国語授業の割合も36年に学部25%、院50%と設定。現時点ではどちらも数%であり、本当にできるかはわからないが、国際化を真剣に進めるという決意の表れと取っていただきたい。

――新型コロナの影響はまだ不透明。国際化の悩みの種です。

いずれ留学などは再開できるとみているが、それまでは遠隔交流プログラムの「COIL」に期待している。感染状況に関係なく実施できるのは大きい。また、COILには「先生同士が授業についてフィードバックし合うことで授業のレベルが上がる」「先生同士の交流も深まることで、共同研究に発展する」といったメリットもある。後者は大学の研究力アップにもつながる。

またCOILの経験をベースにDXによる次世代教育システムも開発できた。他大学にも提供できるのではないかと考えている。

――国際化以外の取り組みは?

2010年に社会安全学部、人間健康学部を新設してから11年間、大きな改革をしていない。教育の質を高める取り組みは継続的にしているが、大きな仕掛けも考える時期に来ている。

前田　裕（まえだ・ゆたか）
1956年生まれ。大阪府立大学大学院工学研究科修士課程を修了。88年に関西大学工学部助手になり、2002年から教授。システム理工学部長、副学長を歴任し、20年10月に第43代学長に就任。

【関西学院大学】ＤＸ・ＡＩ時代を見込んだ「質の高い就労」を実現

「Mastery for Service（奉仕のための練達）」とのスクールモットーを掲げる兵庫のミッション系大学が関西学院大学である。

関学も「１８歳人口の大幅な減少」「ＡＩの発達」、そして「東京一極集中に伴う関西経済圏の地盤沈下」の３つの危機意識を明確にしたうえで変革を進めている。

目標は「質の高い就労」の実現だ。プロテスタント系の宣教師が創立した関学の理念が、「勤勉な労働で社会に貢献すること」であることも大きい。就職の強さには定評があるが、そのブランド力を維持して吸引力にする狙いだ。

キーワードに据えたのはＤＸ。「ＡＩ活用人材育成プログラム」は代表的な施策だ。あらゆる業界でＤＸが進み、ツールとしてＡＩを操れる人材が強く求められている。関学が就職者を多く送り出してきた金融機関も例外ではない。ＩＴエンジニアに限らず、データサイエンスやＡＩの知見を持つ人文社会系の人材も多く求められている。既存産業を変革するには、各産業のビジネスに精通した非エンジニア人材の知見が必要だ。

そこで関学のＡＩ活用人材育成プログラムは文系・理系を問わず全学部生を対象に、また知識ゼロからでも十分にＡＩの基礎を学べる設計にした。それでいて、実際のビジネスに実装するかのように課題解決型学習も盛り込んだ。高いレベルのプログラムは、ＡＩ「ワトソン」を擁する日本ＩＢＭとの共創によって生み出せたものだ。

「ビジネスの現場でＤＸ人材育成の重要性を感じていたＩＢＭとは１７年から共同プロジェクトを立ち上げてきた。ＤＸに関わる幅広いＡＩ人材の創出は〝質の高い就労〟はもちろんのこと、未来の日本経済を支えることにまでつながる」（村田治学長）

教育、研究、業務に至るまで関学そのもののＤＸにも積極的だ。２１年4月、ＡＩ人材育成プログラムはすべてオンラインで受講できるバーチャル・ラーニング化を果たした。就活生の進路や就職の質問に２４時間自動で答えるＡＩチャットボットも運用実績を積み上げている。大学のＤＸ推進は以前から構想にあったがコロナ禍が加速させたという。危機的課題の1つ「関西圏の地盤沈下」の歯止めにもなりそうだ。

21年4月にリニューアルした神戸三田（さんだ）キャンパス（KSC）にもDXを視野に入れた思惑がにじむ。

それまであった理工学部と総合政策学部の2学部を再編。理学部、工学部、生命環境学部、建築学部、そして総合政策学部の5つに拡充させた。4つの理系学部はより専門性を高めたうえで、総合政策学部と文理横断的に学び合う。

エンリッションが運営する、企業と学生との接点となるカフェ「BiZCAFE」もKSCの目玉だ。知的創造の場としてカフェの役割に期待する。また、関学と連携するスノーピークが開発したマイボトルを用いてペットボトルを削減する取り組みも進む。

「DXにもつながるイノベーション人材は異なる領域の知見が重なった地点に生まれる。文理横断や産学連携など、異分野共創の学びを〝体感〟できる場を今後も積極的につくる」（村田学長）

「AI時代だからこそ人間らしいコンピテンシーも磨く」

関西学院大学　学長・村田　治

――全学部対象のAI活用人材の育成に積極的です。その理由は？

強烈な危機感があったためだ。関学は、伝統的に就職率が高く「生涯年収が高い」人材を多く輩出してきた。メガバンクなど金融機関に就職する者が多かった。しかしAIの登場で金融系の採用は大幅に減った。強みが反転して弱みになったわけだ。それならば、と今後さらに社会実装されていくAIを活用する人材を積極的に育てる方向に舵を切った。

――一方で「Kwansei コンピテンシー」と名付けた能力や資質を磨くことを重

視。「正課外教育」の重要性を強く打ち出しています。

ＡＩ時代だからこそだ。ＡＩを含み、進化の絶えないＩＴによって知識そのものはいくらでも身に付けられる。しかし「豊かな人間関係を築く力」「困難を乗り切る粘り強さ」など人間ならではのコンピテンシー（能力）は替えが利かず、むしろ重要性が高まっている。それらを育むのはスポーツや文化芸術など授業以外の正課外教育による面が大きい。課外活動だった体育会活動を正課外教育と位置づけたのもそのためだ。4月に、体育会の活動を支援する関西学院大学競技スポーツ局（ＫＧＡＤ）を発足した。

――スノーピークと造ったテントのあるキャンパスや、エンリッションと造った学生と企業が共創する場「BiZCAFE」など、ユニークな企業連携も多いですね。

コンピテンシーの育成につなげる狙いもある。自然と学部を超えた連携が生まれる。「多様性への理解」や「主体的に行動する力」などを培う環境を意識した。いま求められているイノベーション人材やＳＤＧｓの解決にも直結する。

――矢継ぎ早に斬新な試みを実践していく実行力の源泉は?

教学と経営を一体化させた効果は大きいのではないか。学長が副理事長なので教学を理解したうえで経営の決断ができる。机上の空論ではない改革を進められる。

村田　治（むらた・おさむ）
1985年関西学院大学大学院博士課程後期単位取得退学。同年4月関西学院大学経済学部助手。89年助教授、96年教授に。その後、経済学部長、高等教育推進センター長などを経て、14年から現職。経済学博士。

【同志社大学】リーダー育成も学び舎も主軸は「ダイバーシティ」

キリスト教主義に基づく自由な学風と偏差値の高さで高いブランド力を誇るのが同志社大学だ。２０年、創立以来初の女性学長として植木朝子氏が就任した。

その植木学長が就任直後から打ち出しているのがダイバーシティ（多様性）を中心に据えた改革だ。

「あらゆる学生の個性を尊重し個々が輝ける大学づくりを意識している。それは創設者である新島襄が残した『人一人ハ大切ナリ』の言葉につながる」（植木学長）

まずは場づくりとして「ダイバーシティキャンパス」を標榜。４月にスチューデントダイバーシティ・アクセシビリティ支援室を設置した。既存の障がい学生支援室兼カウンセリングセンターの役割を拡充したもので、ＬＧＢＴＱなど多彩な性的指向・性自認を持つ学生にはジェンダーの知見を持った専門の職員が相談に乗る。教職員や学生に向けたダイバーシティの啓発研修も実施している。

また9月に開寮した「継志寮」は日本人学生3人と留学生2人を1つのユニットとして共同生活をさせる。日常の中で異なる価値観と触れることでダイバーシティの理解を自然に深められる。

さかのぼれば1949年に日本の大学入試で初めて点字受験対応を実施したのも同志社だ。中長期ビジョンで「『志』ある人物の受入れ」を掲げたように、あらゆる多様性を受け入れて学べる環境が準備されつつある。ダイバーシティが浸透すれば受験生の裾野を広げる効果も期待できそうだ。

学部の垣根を越えて学ぶ

教育と研究における多様性の実現にも力を入れている。

各学部で他学部の科目を専攻できる「副専攻制度」は最たるものだ。例えば文学部にいながら生命医科学部で、専門的な科学についてわかりやすく発信する力を身に付けるサイエンスコミュニケーター養成副専攻として学べる。

２０年にはダイキン工業と連携協定を締結。京田辺キャンパスに同志社―ダイキン「次の環境」研究センターを開設した。共同研究の推進はもちろん、社会人と学生が一緒に学ぶことで、互いの刺激と化学反応を期待するものだという。

２２年度からは英語教育の改革も始まる。これまで3段階に分けていたクラスを習熟度別にさらに細かく4分割。さらに「英語論文用」「ビジネス英語」などと細かな目的に沿って枝分かれした独自の英語カリキュラムを用意する。

リーダー養成プログラム「新島塾」も浸透しつつある。新島塾は2年かけてリーダーシップマインドを養うプログラム。学部を問わず、志があれば応募可能だ。さまざまな分野の課題図書を読み込んだうえで、多彩な考えを持つ仲間と議論を繰り広げる。講師には学内の教員のほか、作家で同志社の特別顧問でもある佐藤優氏や直木賞作家で卒業生の澤田瞳子氏なども名を連ねる。

少数精鋭型のプログラムに思えるが、実はこれもダイバーシティの理念に沿ったものだ。植木学長は新島塾が目指すリーダーを「グイグイと上から引っ張るタイプではない」と定義する。
「キリスト教の教えであり同志社の理念にもつながる『地の塩、世の光たれ』という言葉がある。多様な他者を引き立てるために塩のような存在となると同時に希望を照らす光のようになる。いわばフォロワーシップとリーダーシップを兼ね備えた人材と考えている。ダイバーシティにふさわしいリーダーの姿だ」（植木学長）
新島塾出身の卒業生はまだ出ていないが、彼らが世に出て「人一人ハ大切ナリ」を体現するリーダーとなったとき、同志社の魅力はさらに輝きを増しそうだ。

INTERVIEW　同志社　学長が語る

「エンパシーを学ぶための機会と環境を」

同志社大学　学長・植木朝子

――学長就任と同時に、ダイバーシティの推進に注力した狙いは？

新島襄から受け継いだ「人一人ハ大切ナリ」に基づくキャンパスにしたいと考えたのが大前提。前学長時代は掲げた中長期ビジョンに基づいて、リーダー育成プログラムに参加するようなエリート層を養成する面が強調された。ただ数年を経て、そのフェーズを終えたと感じたからだ。セカンドステージはより多くの学生全体に広げ、浸透させるとき。そのためには個を尊重するダイバーシティの観点は外せない。

――コロナ禍と重なったことでダイバーシティ推進に影響は？

重要性はより高まったのではないか。新型コロナウイルスの拡大で不当な差別や社会の分断があらわになった。自分と異なる境遇や考え方を持つ人を理解し、想像力を働かせる。そんな人材を社会に送り出す必要性を強く感じる。

――そのためにキャンパスや、カリキュラムにも多様性を意識した設計が多くなされています。

ダイバーシティは体感していくことだけではなく、知的作業によって学んでいくことが大切だ。シンパシーではなくエンパシーを養ってほしい。どちらも「共感」と訳されるが、シンパシーは同じ境遇に感情的に共感する自然なことを指す。一方のエンパシーは他者の痛みなどの気持ちに寄り添い共感する知的な力で、学ぶことで培えるものだ。

――22年度から英語教育の新カリキュラムが始まると聞きました。

これも多様性を担保する意味がある。具体的には1年次はこれまでよりさらに細かく習熟度で分けた4つのレベルのクラス編成にする。さらに2年次からは「アカデミアで必要な英語」「ビジネスで必要な英語」など必要に応じたカリキュラムを多彩かつきめ細かに用意する。もとより、こうしたきめ細かな教育は、新島襄が残した「社員たるものは生徒を丁重に扱うべし」との言葉に沿った伝統でもある。

植木朝子（うえき・ともこ）

1990年お茶の水女子大学文教育学部国文学科卒業。95年同博士課程人間文化研究科単位取得退学。2005年同志社大学文学部国文学科助教授、07年同教授。副学長を経て20年から現職。専門は日本中世文学。

【立命館大学】起業家・イノベーション　人材を全学挙げて育成

関関同立の中でも挑戦的な取り組みに積極的な立命館大学。今力を入れているのはアントレプレナー（起業家）を生み出す教育だ。20年に中長期計画の「チャレンジ・デザイン」を策定。その柱の1つに「イノベーション・創発性人材の育成」を挙げる。

「社会の混沌から社会課題を見つけ、自由な発想で解決策を見いだして、他者と協調しながら実装する。そんな人材を育てることがわれわれの役割」（仲谷善雄学長）

以前からアントレプレナーを育てる取り組みをしてきた。他大学や企業とも連携してイノベーション人材を養成する「EDGE+R」はその一例だ。ただ、学部や教員単位で取り組んでいたものも多かった。「バラバラにやっていたら大きな力は出ない。組織的・戦略的に取り組む必要性を感じた」（仲谷学長）。

大学発ベンチャーが急増

そこで19年9月に立ち上げたのが「RIMIX」。社会課題解決を目指す人材を育てるプラットフォームだ。これまでの個々の取り組みを整理して体系化した。「どこで何をしているかを〝見える化〟すれば、何が足りないか、何をすべきかわかる」（仲谷学長）

同時に、新たな取り組みとして「総長ピッチチャレンジ」を立ち上げた。半年間かけてワークショップやトレーニングを行い、受講生たちのビジネスプランを磨き上げていく。最終的に総長にショートプレゼンテーションを行うコンテストを開催する。ソニーグループのスタートアップ創出プログラム「SSAP」と連携し支援を受けた。20年度は29チームが参加。大学生だけでなく、立命館の付属高校生も参加している。このプログラムをきっかけに起業家も生まれた。さらに、磨き上げたビジネスプランで起業を目指す人のために、資産運用益の10億円を元手に「立命館ソーシャルインパクトファンド」を創設。すでに数社に融資をしている。

これらの取り組みのかいもあってか、立命館発のベンチャー企業は20年度に60社に増えた。21年6月にはRIMIXの取り組みを推進する「起業・事業化推進室」を設置し、取り組みを加速した。現在は、SDGsに関する活動を行うために学生が自主的に運営する団体「サステイナブルウィーク」なども推進室が支援している。25年までに起業・事業化支援100件達成を目指す。

「起業しなくても、会社やNPOなど勤務先で新たなプロジェクトを自らの問題意識で立ち上げられる人材が生まれればいいと考えている」(仲谷学長)

近年設置された新学部も、イノベーション・創発性人材を育てる学びを提供する。18年に設置された食マネジメント学部は経済学や経営学を基盤に「食」を学ぶ日本唯一の学部。19年に設置されたグローバル教養学部はデュアル・ディグリー・プログラムが目玉。大阪いばらきキャンパス(OIC)で3年間、オーストラリア国立大学(ANU)で1年間、すべて英語で授業を受け、立命館とANUの2つの学位を取得できる。

学部生が通うキャンパスは京都（衣笠、朱雀）と滋賀（びわこ・くさつ）にあったが、大阪や兵庫の学生を呼び込むために、15年にOICを開設。24年4月に、OICにIT系学部の映像学部と情報理工学部を移転させ、「ソーシャルコネクティッド・キャンパス」へと進化させる構想を打ち出した。NTTドコモなどのノウハウを活用し、社会課題を解決するための実証実験や価値創造を行う。学生人気が上がりそうだ。

（ライター・杉山直隆、箱田高樹）

「教えすぎず自分で考える場をつくる」

立命館大学　学長・仲谷善雄

――2020年発表した学園ビジョン「R2030・チャレンジデザイン」のポイントは？

先行きが不透明な中、われわれ立命館は社会に対してどんな貢献ができるのか。そのためにはどういう人材を育てるべきなのかを議論してきた。その結果、「イノベーション・創発性人材を輩出する」「次世代研究大学を目指す」という2つの方向性に行き着いた。本学の建学の精神である「自由と清新」を現代的に言い換えたともいえる。

――イノベーション・創発性人材の輩出に関しては「R－M－X」を立ち上げました。

従来の人材育成での反省点は「教えすぎていること」。教えてもらっているうちは、教員が知っている正解を言えるようになるだけで、自分で問題や解決策を考えられる人材が育たない。

そこで教えるのは最低限にして、大学は自分で考える場や機会を提供することにとどめることが必要と考えた。

――一方で「次世代研究大学」についてはどう考えていますか?

大学というと教育が第一になりがちだが、それを支えているのは高度な研究力であり、探求力だ。

本学は大学の研究費を表す科学研究費の採択件数、配分額ランキングで私大3位、全体21位まで上昇した。研究力を世界レベルに高めることが目指すべき方向性と考えた。

ここでいう研究とは、ペーパーを書くだけではない。デジタルアーカイブを構築して広く使ってもらったり、社会実装をしたりといった、知的活動を含んでいる。教員がアントレプレナーとなって起業するのも歓迎だ。

――具体的な施策は？

「ＢＲＩＴＺ」と「ＲＡＲＡ」を新たに始める。「ＢＲＩＴＺ」は大学院生や卒業生を対象に、ニーズ・シーズ発掘、価値創造、事業展開、会社設立の４フェーズで、外部の専門家と連携して支援する仕組み。「ＲＡＲＡ」は大学の先導的・先進的研究拠点の形成に向けて、リーダーとなる中核研究者の集まりを作り、テーラーメイドの支援を行おうという取り組みだ。

これらの活動も、新設の「起業・事業化推進室」がサポートする。研究力を高めれば、イノベーション・創発性人材の輩出にもつながると考えている。

仲谷善雄（なかたに・よしお）
１９５８年生まれ。大阪大学人間科学部卒業。神戸大学博士。立命館大学情報理工学部長、副総長を経て、２０１９年に立命館大学学長、学校法人立命館総長に就任。専門分野は防災情報システム、人工知能など。

COLUMN

13大学トップの所属学部

大学が向かう先を舵取りする学長。総長、塾長など大学によって呼び方は異なるが、13大学のトップが就任したときの所属学部を調べてみた。そこで注目されるのは、理系学部の教授がトップに就任するケースが増えている点だ。

10年前の2011年（10月時点）は、東京理科大学を含めて2人だけだったが、直近は21年5月に就任した慶応義塾大学の伊藤公平塾長（理工学部教授）をはじめ13大学中5大学が理系学部の教授。また、同じく21年4月に就任した立教大学の西原廉太総長は文学部所属で5人の中にはカウントしていないが、実は京都大学工学部の出身だ。

大学ではAI・データサイエンスなど理系分野の教養教育が重要視されるようになっており、理系の素養を持つトップがいっそう求められるようになりそうだ。

◆ 理系のトップは5人

大学名	学長・総長・塾長名	所属学部
早稲田大	田中愛治	政治経済
慶応義塾大	伊藤公平	理工
上智大	曄道佳明	理工
東京理科大	岡村総一郎	理
明治大	大六野耕作	政治経済
青山学院大	阪本 浩	文学
立教大	西原廉太	文学
中央大	河合 久	国際経営
法政大	廣瀬克哉	法
関西大	前田 裕	システム理工
関西学院大	村田 治	経済
同志社大	植木朝子	文学部
立命館大	仲谷善雄	情報理工

大学付属校の「内部進学力」

大学通信　常務取締役・安田賢治

中学入試、高校入試で大学付属校人気が続いている。人気が高くなってきたのは、2014年暮れに中央教育審議会がまとめた高大接続改革の答申がきっかけだ。これは20年度からの大学入試改革実施を答申したものだ。

それまでリーマンショックや東日本大震災による経済的な冷え込みで、中学入試の志願者は減っていた。しかし、その改革の発表以降、増加に転じる。激変時の私学の底力に期待するところが大きかったようだ。これはコロナ禍での21年の入試で志願者が増えていることにもつながる。そして大学入試改革の先行きが不透明ということもあり、大学入試を受けずに併設大学への進学が可能な付属校の人気が高まり続けている。

これは高校入試でも同じだ。もともと高校入試での大学付属校人気は高かった。それがさらに上がっている。進学校が次々と高校募集をやめ、完全中高一貫校となるところが増えていることもある。東京では21年も本郷、22年は豊島岡女子学園が高校募集を停止する。さらに、22年の高校1年生から新しい学習指導要領が実施される。今までにない新科目を学び、大学入試も新課程初年度に当たる。どのような入試になるかわからないこともあり、付属校への志願者がさらに増えている。

これに加えて、大都市圏で大学の入学定員の厳格化が16年から始まったことも大学付属校人気に拍車をかけた。これは地方創生の一環として行われ、大都市圏の大規模大学の入学者を減らすことで、地方の大学の活性化を図ろうというものだ。大都市圏の大学が地方から学生を集めすぎ、地方では地元大学への進学者が減り、若者が流出していることから実施された。

付属校改革に注力

それまで大規模私大の入学者は、入学定員の1・2倍未満までの入学が認められていたが、許容範囲は年々減らされ18年には1・1倍未満までになった。これを超えて入学させると、国からの助成金がもらえなくなる。

入学者を減らすことは合格者を減らすことにつながる。その結果、入試の倍率がアップして大規模大学は難化していく。入りにくくなると併願校を増やすため志願者が増え、倍率アップ、難化が繰り返されていくわけだ。このような厳しい入試状況が大学付属校人気の追い風になった。大学受験を避け、付属校から大学進学を目指す中高受験者が増えたのだ。

その中で、13大学の付属、系属校からどれほど内部進学しているのか、次表を見てほしい。

◆ **系列大学への進学率は学校によって違う**

―13大学の付属・系属校の内部進学率―

大学名	付属・系属校名	所在地	男女別	卒業生数(人)	内部進学者数(人)	内部進学率(%)
早稲田大学	早稲田大学高等学院	東京	男子	479	479	100.0
	早稲田大学本庄高等学院	埼玉	共学	322	322	100.0
	早稲田大学系属早稲田実業学校	東京	共学	435	422	97.0
	早稲田	東京	男子	299	159	53.2
	早稲田摂陵	大阪	共学	276	20	7.2
	早稲田佐賀	佐賀	共学	194	93	47.9
慶応義塾大学	慶応義塾	神奈川	男子	732	726	99.2
	慶応義塾女子	東京	女子	206	202	98.1
	慶応義塾湘南藤沢	神奈川	共学	231	230	99.6
	慶応義塾志木	埼玉	男子	255	252	98.8
	慶応義塾ニューヨーク学院	米NY州	共学	—	—	—
上智大学	上智福岡	福岡	共学	151	32	21.2
明治大学	明治大学付属明治	東京	共学	258	241	93.4
	明治大学付属中野	東京	男子	403	329	81.6
	明治大学付属中野八王子	東京	共学	315	286	90.8
青山学院大学	青山学院	東京	共学	407	344	84.5
	青山学院横浜英和	神奈川	共学	156	52	33.3
立教大学	立教池袋	東京	男子	136	128	94.1
	立教新座	埼玉	男子	329	276	83.9
	立教女学院	東京	女子	178	115	64.6
	香蘭女学校	東京	女子	158	97	61.4
中央大学	中央大学附属	東京	共学	387	341	88.1
	中央大学杉並	東京	共学	310	290	93.5
	中央大学	東京	共学	157	145	92.4
	中央大学附属横浜	神奈川	共学	317	246	77.6
法政大学	法政大学	東京	共学	231	210	90.9
	法政大学第二	神奈川	共学	651	606	93.1
	法政大学国際	神奈川	共学	289	235	81.3
関西大学	関西大学	大阪	共学	137	100	73.0
	関西大学第一	大阪	共学	394	357	90.6
	関西大学北陽	大阪	共学	435	283	65.1
関西学院大学	関西学院	兵庫	共学	369	349	94.6
	関西学院千里国際	大阪	共学	94	51	54.3
	啓明学院	兵庫	共学	251	235	93.6
同志社大学	同志社	京都	共学	349	305	87.4
	同志社女子	京都	女子	266	219	82.3
	同志社国際	京都	共学	272	227	83.5
	同志社香里	大阪	共学	304	285	93.8
立命館大学	立命館	京都	共学	312	210	67.3
	立命館宇治	京都	共学	366	298	81.4
	立命館慶祥	北海道	共学	328	143	43.6
	立命館守山	滋賀	共学	309	269	87.1

(注) 2021年の内部進学率。付属・系属校の中で系列大学への内部進学実績がある学校を掲載(東京理科大学は付属校なし)。
　　― は不明、データなし

(出所) 大学通信

早稲田大学高等学院、早稲田大学本庄高等学院がともに100%。全員が内部進学している。9割超は早稲田大学系属早稲田実業学校、慶応義塾大学の付属校4校（慶応義塾、慶応義塾女子、慶応義塾湘南藤沢、慶応義塾志木）、明治大学付属明治、明治大学付属中野八王子、立教池袋、中央大学杉並、中央大学、法政大学、法政大学第二、関西大学第一、関西学院、啓明学院、同志社香里の16校だ。

受験生の人気に応えるかのように、大学も付属校改革に力を入れ始めている。男子校や女子校だったのを共学校に変えたり、キャンパスの移転や新校舎建築を行ったりした。併設大学への進学の権利を持っていても、他大学受験を認める付属校も増えている。

また、付属校新設にも積極的だ。近年では青山学院大学、中央大学、関西大学、関西学院大学などが、中高との経営統合によって付属校を新設している。少子化が進み、大学の学生確保が厳しさを増しているからだ。

各大学は、大学入試とりわけ一般選抜以外の方式での学生確保に力を入れ始めている。とくにはっきりわかるのが、入学定員に占める一般選抜の割合が低下していることとだ。例えば早稲田大学の20年前(01年)の一般選抜の募集人員の割合は、入学定員の76・3%だった。それが21年は57・7%にまで下がっている。

一般選抜以外の入試方式での入学者が増えているのだ。

もちろん、学校推薦型選抜、総合型選抜もあるが、中でも人数が多いのが付属校からの内部進学だろう。早稲田で最も一般選抜枠の割合が少ないのが政治経済学部で350人、入学定員の38・9%だ。一方、付属・系属校からの進学者数合計は285人で入学定員の31・6%に当たる。

同じように慶応義塾も20年前の64・3%から57・1%にまで下がっている。中でも法学部は、一般選抜の募集人員が460人、入学定員の38・3%にとどまる。一方、付属校からの進学者は416人と、内部進学者が多い。

このように、学生募集が変わり始めている。一般選抜がすべてではなくなってきている。大学入試で優秀な学生を確保できないなら、小・中・高の段階で確保する。これも少子化対策の1つの方法だろう。そして付属校新設は大都市圏に限らず、全国に広がっていきそうだ。付属校のない大学もあるので、各大学の事情に合わせた、学生募集の戦略も、大きく変わりそうだ。

安田賢治（やすだ・けんじ）

兵庫県生まれ。早稲田大学卒業後、大学通信入社。中学受験から大学受験まで幅広くカバー。著書に『笑うに笑えない大学の惨状』『教育費破産』など。

「学歴重視」はまだまだ根強い?

出世力・就職力のリアル

大学名でインターンシップの参加を制限したり、エントリーシートで足切りしたりする「学歴フィルター」。人材会社のパーソルキャリアの調査では、新卒採用を行う企業の約半数が「学歴を重視する」と回答している。採用関連事業を展開するプレシャスパートナーズの矢野雅常務は「幹部候補を採用するときに学歴フィルターをかける会社はけっこうある」と話す。

◆ 企業の半数が学歴重視

—採用で学歴をどの程度重視しているか—

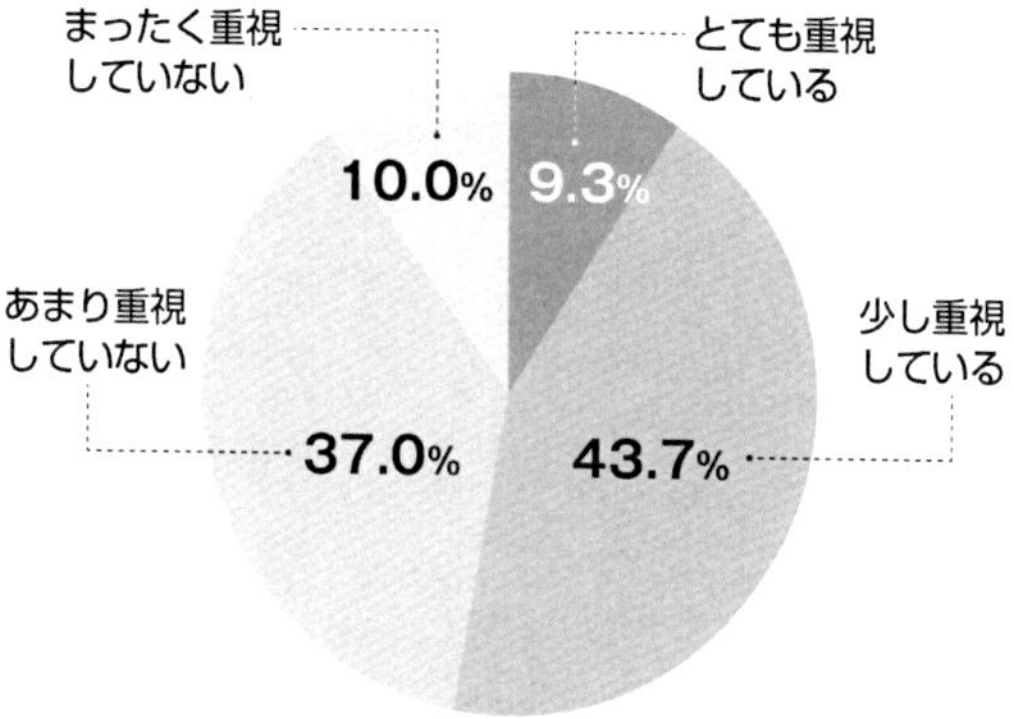

（注）新卒採用を行っている人事担当者300人が回答
（出所）パーソルキャリア

1つは早慶上理やMARCHといった線引きを明確にするパターン。もう1つは、幹部候補生は上位校に絞り、ほかは広く採用するという「入り口」を2つに分けるパターンだ。ただ矢野常務は、「高学歴な学生ほどベンチャー就職や起業に流れてしまうため、以前ほど学歴偏重の向きはない」と指摘する。金融や商社といった、東京大学や京都大学、早慶以上を採用するといわれた業界でも、MARCHや日東駒専の学生が入社する割合が増えているという。

新卒採用支援サイト「dodaキャンパス」の桜井貴史編集長は、「学歴フィルターは限定的」としながらも、採用実績のある学校や一定の上位校の学生を優先的に集める背景に、企業の採用効率化を挙げる。「中途採用と異なり、新卒採用は年1回で失敗ができない。売り手市場の中、人事担当者は限られた時間とコストで、採用効率の高い方法を選ばざるをえない」(桜井編集長)。

採用した学生がいい人材だったかは、入社後しばらくしないとわからない。それゆえに、採用時点で目に見える指標となるのは早稲田大学、慶応義塾大学から何人採用したという学歴実績になる。

では実際、学歴フィルターをかける大企業は、どこでボーダーを引くのか。ある人材紹介会社の幹部は「早慶上理、ＭＡＲＣＨ以上という企業が大半。ＭＡＲＣＨの中でも、ブランドチェンジに成功した明治大学が一つ抜きんでて評価されている」と話す。さらに２０１６年度入試以降の定員厳格化で、ＭＡＲＣＨの優秀層が早慶上理級に近づいていることも見逃せないという。

東大・京大は格別としても、それ以外の国立大はどうみられているか。前述の人材紹介会社幹部は「旧帝大は、企業からの人気が非常に高く、早慶上理と同じゾーン。東京工業大学、一橋大学などはこれより一つ抜けている感がある。千葉大学や信州大学といった国立大は私大でいえばＭＡＲＣＨゾーンだろう」とみる。

また、最近はＡＩやデータサイエンスなどの理系人材の需要が高まっており、東京理科大学の評価が急上昇しているという。

関西私学の雄、関関同立について、就活支援のワークス・ジャパンの清水信一郎社長は「就職実績は同志社大学がトップ。立命館大学は他大学に先駆けて東京での入試を始めるなど先進的な取り組みが多いが、就職では製造などの重厚長大な業界への入社実績が少ない」と指摘する。

こうした学校ごとの評価は人材紹介会社でも使われている。学生を企業に紹介し、マッチングすると成果報酬が支払われる新卒紹介事業では、出身大学や学部ごとに紹介手数料を設定しているケースが多い。東大理系を筆頭に、東大文系と早慶理系、早慶文系とＭＡＲＣＨなどと細かく手数料が決められているという。「人材会社も学歴を評価している面は否めない」（人材会社幹部）。

出世力はOBが左右

一方、学歴によって入社後の出世に差は出るのか。２１年７月末時点で上場企業役員の出身大学を見ると、トップは慶応大の１８５９人で、東大（１７６３人）、早稲田大（１６１７人）と続く。ＭＡＲＣＨのトップは中央大学の７２３人で、東大や早慶と比べると差がある。

◆ 上場企業役員数は慶応がトップ
—上場企業全役員の出身大学ランキング—

順位	大学名	区分	役員数（人）
1	慶応義塾大学	私	1,859
2	東京大学	国	1,763
3	早稲田大学	私	1,617
4	京都大学	国	787
5	中央大学	私	723
6	一橋大学	国	536
7	明治大学	私	532
8	日本大学	私	486
9	大阪大学	国	381
10	同志社大学	私	377
11	神戸大学	国	339
12	関西学院大学	私	297
13	関西大学	私	279
14	法政大学	私	273
15	東北大学	国	264
〃	九州大学	国	264
17	名古屋大学	国	258
18	青山学院大学	私	220
19	立教大学	私	216
20	立命館大学	私	204
21	上智大学	私	188
22	横浜国立大学	国	184
23	北海道大学	国	170
〃	東京理科大学	私	170
25	東海大学	私	155

（注）2021年7月末時点。大学院を含む。区分は国＝国立大学、私＝私立大学。大阪大学は07年統合の大阪外国語大学、九州大学は03年統合の九州芸術工科大学を除く
（出所）東洋経済新報社『役員四季報』2022年版

清水社長は、「昔のリクルーター制の影響は一定程度あるだろう」と語る。1970年代前半から80年代前半までのリクルーター制は、旧帝大や早慶といった難関校の「幹部候補生」を、OB訪問で一本釣りするものだった。

今、このリクルーター制で入社した世代が役員クラスになっている。「出世は個人の能力だけではできない。早稲田や慶応出身の役員や上司が出身大学の幹部候補を引っ張り上げることは考えられる」（清水社長）。とくにメーカーにこの流れが残っているという。

桜井編集長も「結果的にみると経営層は東大や早慶といった特定の大学に偏る」と話す。企業が採用活動をするときには、経営部門、現業、開発などのカテゴリーごとに人材の要件を決めることが一般的だ。学歴フィルターをかけなくても、ふたを開けてみると、経営部門には東大や早慶といった地頭（じあたま）の優秀な学生が集まる。実績のある幹部候補生が先輩にいると、OB訪問やインターンシップでつながりやすくなり、出世力も上がる。

学歴重視は変わる?

ただ、以前に比べると採用活動での学歴主義は薄まり、実績重視に流れが変わってきている。

矢野常務は「難関大出身者が社会で高いパフォーマンスを出すとは限らない。難関校以外でも実績を出した社員の後輩が応募してくると注目する」と話す。桜井編集長は高校生の志望校選びに注目する。「以前は慶応に入れるならどの学部でもいいという生徒が多かったが、今は大学よりも学部で選ぶ。偏差値では測れないポテンシャルを持った生徒が増えている」と言う。MARCHでも実績を上げて役員になる先輩が出てくると、後に続く後輩にも道は開ける。

今はまだ企業人事部の採用の評価軸や、学歴重視が色濃かった世代の影響が残っているが、世代交代が進めば学歴というブランド力は弱まるだろう。とはいえ大学の就職力や出世力を高めるために「先輩」の実績が必要だろう。

(ライター・国分瑠衣子)

高まる私大のベンチャー機運

最先端の研究基盤を活用した大学発ベンチャーが増えている。経済産業省が発表した2021年の大学発ベンチャー調査では、20年度大学発ベンチャー企業数は2905社と前年度比339社増となり、過去最高だった。

大学別で見ると、トップが東大で323社、2位は京大222社、3位大阪大168社と、5位までは国立大学が占める。ヘルスケアや医療、バイオ分野などの研究が盛んで、設備面で私立大学より恵まれていることなどが理由だ。

一方、早慶上理、MARCH、関関同立の13大学は国立大学に比べると企業数は少ない。そもそも大学に頼らず、自分たちのアイデアで起業するケースが多い。

◆ **東大や京大など国立大と大きな差**

—大学発ベンチャー企業数（2020年度）—

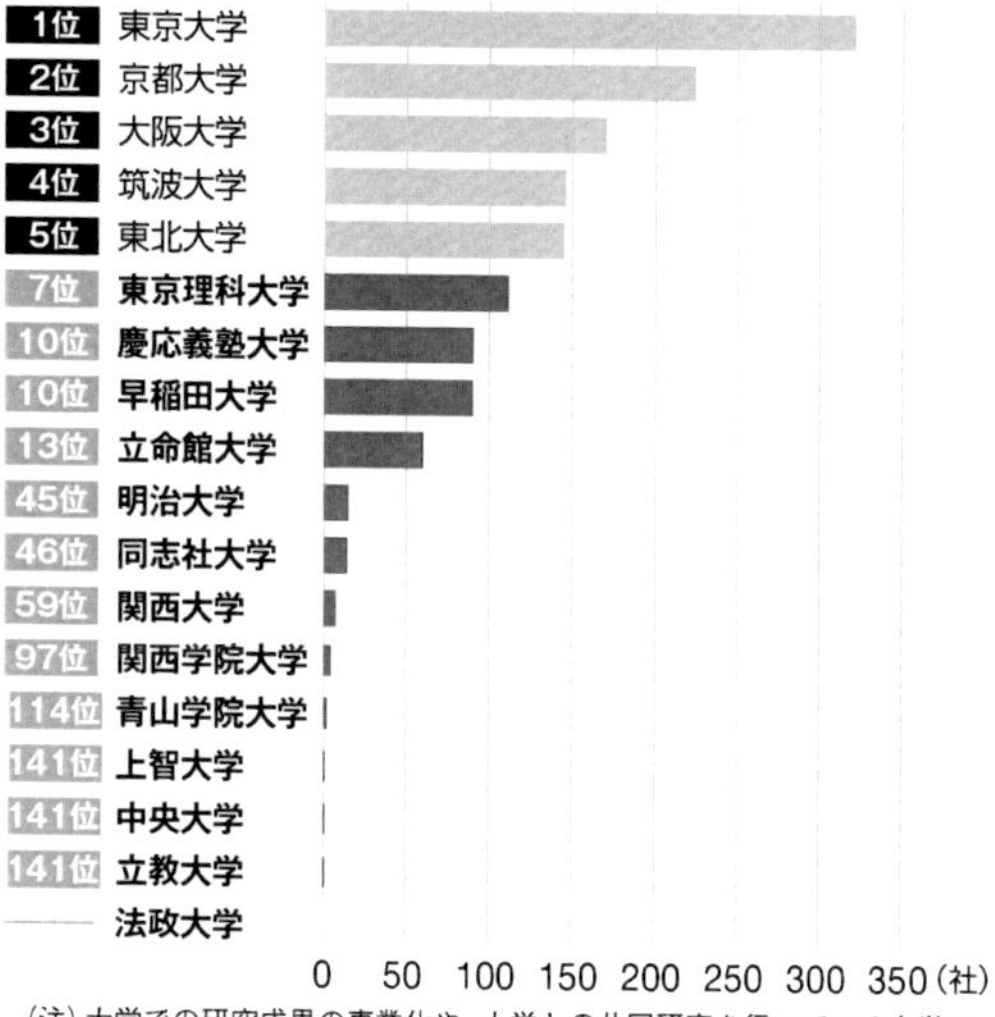

（注）大学での研究成果の事業化や、大学との共同研究を行っている大学から出資を受けているなど、大学との関連が深いベンチャー企業の数

（出所）経済産業省「大学発ベンチャーに関する基礎調査」（2021年）

私大トップは7位の東京理科大。起業を目指す学生や卒業生に対して、アイデアを検証するための費用を支援し、教員の起業もサポートする。

10位には早稲田大と並んで慶応義塾大が入った。ライフサービスプラットフォーム事業を手がける、じげんの平尾丈社長は慶応大湘南藤沢キャンパス（SFC）環境情報学部卒業。大学時代に2回の起業を経験した。

最初は1年生のときに入ったゼミのメンバーで起業。エンジニアや帰国子女など優秀だが個性的なメンバーが多くマネジメントに苦労した経験が、今の会社経営に役立っているという。起業家マインドがある同級生からも大きな刺激を受けた。

平尾氏は「さまざまな業界に人脈のある教授が多く、著名な経営者からビジネスについて学べることが大きな魅力。自分の考えをうまく言語化できる学生が多いのも特徴では」と語る。

採用関連のベンチャー企業・ROXXの中嶋汰朗代表は、青山学院大に在学中、ベンチャー経営者の授業を受けたことがきっかけで起業した。当時、中嶋氏の周囲に起業した学生はいなかったという。

しかし、今は起業を希望する学生から相談を受けたり、一度就職した後に起業を考える同期が出てきたりと、ベンチャー機運の高まりを感じている。中嶋氏は「校舎が渋谷なので、学外の多様な人と交流ができ価値観が広がった」と、立地のよさも起業の糧になったという。

私大はアイデア勝負

関関同立の中で、存在感を増すのが13位の立命館大だ。19年に、付属の小中学校から大学院まで全体で起業家育成事業をスタート。6月にはワンストップで起業を支援する専門機関を学内に設置した。

ウェアラブルIoT企業のミツフジの三寺歩社長は01年卒業。当時はネットバブルの最中で、三寺氏もネット書店を立ち上げた。在籍当時、経営学部が理系と同じキャンパスに移転し、情報系の学生の考え方を学べたことも力になったという。

今も立命館大とのつながりは深い。会社の事業計画について学部のレビューを受けるなど、最先端の研究に触れて技術をアップデートしている。「起業で社会貢献したいという学生が多く、情報処理能力が高い」(三寺氏)。

私大出身のベンチャー社長たちは身近な社会課題を見つけ、アイデア勝負で起業するケースが多いようだ。

(ライター・国分瑠衣子)

【週刊東洋経済】

本書は、東洋経済新報社『週刊東洋経済』2021年10月30日号より抜粋、加筆修正のうえ制作しています。この記事が完全収録された底本をはじめ、雑誌バックナンバーは小社ホームページからもお求めいただけます。

小社では、『週刊東洋経済eビジネス新書』シリーズをはじめ、このほかにも多数の電子書籍ラインナップをそろえております。ぜひストアにて「東洋経済」で検索してみてください。

『週刊東洋経済eビジネス新書』シリーズ

No.372　コロナ時代の新住宅事情
No.373　日立・三菱重工の岐路
No.374　脱炭素サバイバル
No.375　郵政崩壊
No.376　脱・ストレスの処方箋

週刊東洋経済eビジネス新書　No.402
私大トップ校　次の戦略

【本誌（底本）】
編集局　宇都宮　徹、常盤有未、鈴木雅幸、堀川美行
デザイン　ｄｉｇ（成宮　成、山﨑綾子、峰村沙那、坂本弓華、永田理沙子）
進行管理　平野　藍
発行日　２０２１年１０月３０日

【電子版】
編集制作　塚田由紀夫、長谷川　隆
デザイン　大村善久
制作協力　丸井工文社
発行日　２０２２年９月１５日　Ver.1

発行所　〒103-8345
東京都中央区日本橋本石町1-2-1
東洋経済新報社
電話　東洋経済カスタマーセンター
03（6386）1040
https://toyokeizai.net/
発行人　駒橋憲一

電子書籍化に際しては、仕様上の都合などにより適宜編集を加えています。登場人物に関する情報、価格、為替レートなどは、特に記載のない限り底本編集当時のものです。一部の漢字を簡易慣用字体やかなで表記している場合があります。本書は縦書きでレイアウトしています。ご覧になる機種により表示に差が生じることがあります。

※本刊行物は、電子書籍版に基づいてプリントオンデマンド版として作成されたものです。